詩人이 시로 쓴 인생철학 삶의 애환을 담다

울고
웃고
살고

문경출판사

| 서언 |

어떤 장르의 작품을 읽던 독서를 할 때는 우선 호기심을 가져야 한다. 무슨 이야기가 쓰여 있을까 하는 호기심을 가질 필요가 있다. 아직 우리는 독서의 호기심이 보편적이지 않아 작품의 내용에 대한 호기심보다는 작가의 이름이 유명인지 무명인지부터 살피는 것이 책을 고르는 보편적 방법으로 대체되는 편견이 주를 이루었다.
작자는 어떤 장르의 글을 쓰던 그 작품 속에는 경험과 정성 심혈을 기우린 노력 땀 배인 시간 숙고 독자에게 전달하려는 메시지가 녹아 있음을 인지하면서 독서에 임해 줬으면 한다. 그래서 작자는 한 줄의 글을 쓰기 위해 만 권의 책을 읽고 한컷 영상을 떠올리기 위해 만 리를 걷는다는 말이 있다. 그러므로 독서를 할 때는 그 책의 내용과 메시지에 대한 호기심을 발동시켜 달라는 것이다. 그러면 한줄 한줄 읽을 때마다 호기심을 충족하고 읽는 재미를 느끼게 된다. 작자는 어떤 동기에서 이런 소재를 선택하고 왜 이런 주제로 이야기를 썼을까 하는 의문에서 부터 인지(認知) 알아내는 것이 독서의 최고의 기쁨이라고 고대 철학자 아리스토텔레스가 그의 독서론에서 언급했다.
작자는 항상 주관적 보다는 객관적 사실을 모티브로 자기 이야기를 알린다. 그래서 시는 자기 고백이라고 이야기 하면서 언어의 유토피아를 가려는 욕구이고 문학의 꽃이며 언어의 유희라고 많은 문학인들이 공언하고 있다. 원래 동서양을 막론하고 시는 문학 예술의 근본이며 특권층 귀족들에 한정된 언어의 유희이기도 하였다.

우리는 지금 21세기에 살고 있다. 서양에서는 1920년대부터 모더니즘(Modernism) 근대적 예술운동이 일어나고 규범화된 전통에서 개인의 자유로운 예술적 감각을 중시하고 개성있는 표현으로 자유로운 시의 유희를 즐기고 있었으나 우리는 김소월에서부터 청록파에 이르기까지 해방전 정형화된 형식에 지우치고 있었음을 당시 작품을 보고 알 수 있었으나 이것은 의도적인 것이라고 전해진다.

우리가 해방전 시를 고전 근대시라고 한다면 해방이후 시를 현대시라고 말한다. 현대시에는 시인들이 적극적으로 모더니즘에 참여해 자유롭고 다양하고 현실화된 모티브로 시를 묘사하기 시작했고 시는 이렇게 쓰는 것이 올바른 창작이라는 고정된 관념의 틀에서 벗어나 시사적인 맥락에서 자유롭게 음미하도록 허용되기 시작한 것이다.

신분 계층을 막론하고 미지의 삶을 경험하게 하고 간접체험을 유도하여 시의 자상하고 삼차원적인 감정의 접근을 허용한다.

시의 의미가 산문적 전언이나 진술로써의 환원으로 대체 될 수 없고 볼성사나운 자기 노출이 아니라는 것이다. 특정 비평이나 유파의 발견 특허적 발명품이 아닌 옛적부터 자연스럽게 인류의 감성을 지배한 흥이고 운율이고 노래인 것이다.

규격화된 부정적 관용구를 마구 휘두르는 것보다 시에 대한 기초적 해독력에 중점을 두어 좀더 흥미있고 언어의 유희를 즐길 수 있도록 세심한 배려를 기울이며 집필하였다.

일찍이 서양에서는 시라는 개념이 서사시나 극시등을 망라하여 시라 하였다. 요즘 문학이란 말과 동일시된다.

동양에서 시의 개념은 짤막한 서정시를 가르켰다. 서정시가 주요 장르로 부상하게 된 것은 서양의 낭만주의 영향이었다. 서정시는 주관성과 내면성의 표현 영역이었다.

자연의 경도나 비세속적인 것에 몰입하고 정신의 깊이와 섬세함을 통해서 초월의 정념을 통해서 사회적 모순을 극복하려는 충동을 가지고 있었다.

이제 21세기이다. 문학은 끊임없는 욕구와 진화를 거치면서 사조의 변화를 거듭해왔다. 모더니즘에 이어 아방가르드 다다이즘에 이르기까지 자유분망한 욕구는 우리의 생각과 경험을 자유롭게 고백할 수 있는 사회 민주주의가 원초적 텍스트의 자유를 보장해주고 있다.

시는 함축 문학이다 그러므로 관조력과 은유 환유의 수사가 유사성을 살려 매끄럽게 표현될 때 묘와 미가 보일 것이다.

사물을 존재하는 그대로 직유하고 수식하는 무미건조함보다 사물의 특성을 살려 내 의지에 대입해 아름답게 생명을 불어넣는다면 기발한 표현은 못하더라도 지루하지 않는 공감을 제공하리라 생각한다.

이 책은 서민들 삶과 애환을 모티브로 하여 구성하였다.

일찍이 시집에서는 찾아 볼 수 없는 철학적 도덕적 신념을 바탕으로 비평과 성찰을 주제로 하여 불공평한 사회모순을 경험하고 살아오면서 주시했던 애환을 객관적 사실에 근거하여 집필하였다. 본 시집을 읽는 분들에게 흥미와 공감이 있기를 간절히 바라면서 감사의 인사를 드린다.

끝으로 이 책을 출판하는데 도움을 주신 국가문화예술지원팀 관계자 여러분께 심심한 감사를 표하는 바이다.

2023년 10월
野花詩人 양종영

One man's power is very weak,
The pen of a writer with justice and moral convictions,
change it.
(한 사람의 힘은 대단히 미약하지만
정의와 도덕적 신념이 있는 작가의 펜은 인류의 생각을
바꿔놓기도 한다)

―wild flower poet 들꽃시인 생각

Napoleon mobilized many armies to conquer the world
Shakespeare conquered the world with a pen.
(나폴레옹은 세계를 정복하기 위해 수만은 군대를 동원했지만
셰익스피어는 펜 한 자루로 세계를 정복했다

―간디의 어록에서

차례

■ 서언 · 6

 제1부 나에게 가을은

17 · 가을은
18 · 객지살이 — 진주 숙소에서(2011.10)
19 · 기도
20 · 노송과 비구니
22 · 까막눈 어머니
23 · 낙화
24 · 남자의 일생
25 · 너는 누구인가
26 · 능소화꽃과 할머니 — 치매노인
28 · 눈 내리는 밤
29 · 대청호수
30 · 대청호에 뜬 낮달
31 · 돈을 받지 않습니다
32 · 마음의 병
33 · 미처 몰랐네
34 · 비탈밭에 유골을 묻고
36 · 노송老松
37 · 산울음
38 · 살다가 돌아보니
39 · 민들레 홀씨

40・삼십년이 지난 후에야

42・세월 길

43・시詩란

44・시인은 낙엽이 질 때 편지를 쓴다

47・시인의 꽃 -망초

48・어느 고백

49・오월은 엄마 향이 난다

50・이런 분 기억하시나요

51・이슬

52・이제 떠납니다

53・자유를 위한 기도

54・저 산 너머에는

55・지리산 산사에서 -지리산 암자에서(2017.8)

56・창窓안의 등불

57・추억은

58・푸념 -2003년 오월 어버이날 묘지에서

60・친구란

61・하나 쯤

62・해탈解脫과 열반涅槃 -明鏡止水 無想無念 物我一體

66・바닷가에서

67・약속

68・나에게 가을은

70・삶

제2부 나팔꽃 연가

73 • 꽃병花甁 −아내에게 받치는 시
75 • 그때가 생각나면
76 • 달 항아리
77 • 당신에게
78 • 딸에게 −딸의 결혼식을 끝내고
79 • 수취인 없는 편지
80 • 안개 꽃
81 • 잊고 싶은 이름
82 • 지지배와 첫사랑
84 • 차마 잊지울까
86 • 추억
88 • 나팔꽃 연가
89 • 형제
90 • 당신에게 못한 말
91 • 가을 다 가기 전에
92 • 당신
93 • 그대에게

제3부 고향

97 • 고향
99 • 엄니의 오두막 −오두막에서(1997년 7월)
100 • 물떼새 떠난 강

102 • 소중한 유산 －어머니 유품을 정리하면서

103 • 화개골 비탈길

104 • 내 고향 7월은

106 • 향리해후鄕里邂逅

꽃들의 착각

109 • Help me

110 • old alley

111 • 갑甲이다

112 • 고독 사死 －어떤 노인의 죽엄

114 • 개망초

115 • 까치가 집을 짓네

116 • 꽃들의 착각

117 • 나는 당나귀인가

118 • 네 놈이 미쳤구나

120 • 나에게 술을 다오·1

121 • 높은 사리

122 • 담살이

124 • 담쟁이

125 • 돈만 있으면

126 • 네 이름을 모르겠다

128 • 만취

129 • 민달팽이

130 · 병아리들의 소원
132 · 백수의 오후
133 · 소(牛)
134 · 여보 나무라지 마오
136 · 염주를 세는 노인
138 · 의인이 없다
140 · 이씨의 눈물
142 · 실업자
143 · 잡초끼리 살자
144 · 장마
145 · 제비꽃의 눈물
146 · 질경이
147 · 청산 계곡에서
148 · 카인의 유언
150 · 친구의 죽엄
151 · 태풍을 기다리며
152 · 하루살이
153 · 환장 하건네
154 · 봄은 오는구나
156 · 분서焚書
157 · 버려진 의자
158 · 알까 몰라

제1부

나에게 가을은

가을은

가을은
먼 하늘 끝을 바라보며
지속되지 않는 환상의 꿈을
하나씩 지우는 계절이다

무성한 감정들을
찬란하게 물들이는 황혼빛이
애조 띤 가락을 읊조리는 계절이고

차갑게 식어버린 대지위에
웅크린 빈 껍질들이
무거운 침묵으로 고뇌하는
회한의 종막을
경건하게 바라보는 계절이다

말라비틀어진 낙엽 위를
걸어가는 나그네 등짝처럼
쓸쓸한 계절이고
북쪽 하늘 끝에 매달린 손톱 달 만큼이나
쓸쓸한 계절이다

객지살이
－진주 숙소에서(2011.10)

하루 일과를 마치고
저녁 길을 걸어와
현관문을 열면
창 넘어 산그늘이
스믈스믈 기어들어와
박쥐처럼 천정에 매달려
어둠살을 걸어놓은 숙소
냉기류가 가슴을 훑는다
기척도 없는 적요 속살이 시리다
항상 불을 켜둬야 겠다
혼자이면서 혼자가 아닌 것처럼
싸늘한 형광빛이라도
빈 공간을 채워 둬야겠다
저녁 허기가 몰려온다
저녁쌀 씻는 소리가
삭풍처럼 차겁다

기도

내가 증오 하는
사람들을 위하여
한포기
꽃을 심는 마음으로
기도하게 하소서

따스한 햇볕 향을 뿌리시여
제가 심은 꽃이
아가의 모습으로
평화롭게 자라기를 기도하는
어미의 마음이게 하시고

물을 뿌리는 마음
변함없게 하시고
미운 사람을 위해
아름답게 가꾸는 법을
배우게 하시여

그리하여
먼 길 돌아 온 저의 기도가
척박한 땅에서도
화알짝 피우세 하소서

노송과 비구니

비구니 애잔한 염불소리가 만상의 혼을 정갈히 씻기우고
구절사 뒷 벼랑 까마득한 절벽에 등 굽은 노송은
태고의 증인 인 듯 미망의 발길들을 초연히 내려본다
첩첩산중 식장산 계곡 벼랑에 매달려 사는 삶이 싫어
파계승처럼 살며시 세상 밖으로 다리를 내밀었다가
비구니 독경소리에 움찔하는 순간 아차 들켰구나
미쳐 바위틈에 밀어 넣지 못하고
벌건 힘줄 튕기며 울퉁불퉁 휘어버린 몸뚱아리
독야청청이 웬 오만이고 충천의 결기는 다 무슨 소용이랴
억겁의 세월을 수도승되어 예리한 바늘끝 침엽으로
혼돈의 세상을 수없이 찔렀건만 세상은 아직 피 한방울
흘리지 않고 피안은 멀어 아득한데 유유자적 구름 한떼
노송 어깨에 걸쳐 앉아 서러운 연륜을 세니
뭍에 올라 온 아가미 헐떡거리는 몽롱한 고뇌의
비늘 뿐인데 휘고 구부려져 늙은 몸뚱아리가
무량억겁의 표상이요 태고의 증인이 되어
소멸되고 잊혀져 가는 비구니 젖은 번뇌를 보면서
인생은 찰나이고 덧없음에 초연해 지다가도
때로는 무상이 서러워서 세상 밖을 지나가는
바람 한 자락 붙들고 윙윙 통곡도 하였다
등푸른 시절 벼랑 끝 생이 환멸스러워
슬며시 세상 밖을 고개를 빼고 바라보면
세상은 중생들이 바라던 천국이 아니었다
구절사 뒤켠 절벽에 매달려 태어 나아진 생명을

원망 하면서도 등 굽어 늙어가는 어깨에 날개 지친
새들이 날아들어 아늑한 잠을 청 할 때면 곁가지 몇 개를
늘어뜨려 차가운 바람을 막아주고 비구니 스님
청아한 독경소리 삼경을 지나는 조각달 그늘에 실려
내리는 이슬에 노송은 속절없이 심경이 젖어 잠이 들더라

까막눈 어머니

어머니는
낫 놓고 기역자도 모르시는
까막눈 이셨습니다
그래도 어머니는
우리들 꿈을 잘도 키워주시고
어머니는 까막눈이라도
우리가 모르는 길을
잘도 가르쳐 주셨습니다
나는 글을 깨우치고도
자식들에게 무엇을 가르쳐 주었는지
예순 해가 지나도록 깊이 없는 강물처럼
요란하기만 했습니다
글을 모르시는 어머니는
땀 흘리는 법을 땀으로 가르쳐주시고
사는 법을 살아 보이는 걸로
가르쳐 주셨습니다
나는 자식들에게 어떻게 가르쳐야 할지
여쭤 보려고
비탈밭에 잠드신 어머니를 찾아갑니다

낙화

이상이라고 생각했던
휘어진 나뭇가지에서
관념들이 파들거리며 떨어진다
고귀한 신분처럼
뽐내던 아름다움은
누렇게 찌든 오물이 되어
낮달처럼 허공을 헤매다가
밤을 위해 잠이 들었다
때로는 달아나고
때로는 주저앉아
흔적을 지우는 바람소리
들리지 않는
돌무더기 너머에
파리한 잎으로 쓰러지지만
세상은 빈약한
나무를 꺾어버리지만
낙화는 빈약한 나무를 부여잡고
오염된 대지에서 꽃을 피우는
나무들이 자라고 있음을
생각했을 것이다
새로운 바람에 견딜 수 없어 떨어지는 낙화들은
결국 관념의 뼈를 부수고
가녀린 나뭇가지를 부여잡을 것이다

남자의 일생

저항 할 수도 없이 천길 절벽에서
떨어져도 아픔을 잊은 채 흘러왔다
뭍에 오르지도 못하면서
끊임없이 달려와 부딪치고 깨지는
파도처럼 살아왔다
눈물샘이 넘쳐도 울지 못했다
남자의 일생이
무량세상 사는 것이
이와 같은데
수만 번 살아내도 모자람만 있고
기껏 살아내도 표창없는 인생
퇴직하고 젊은 날 지고 나니
어느 날 문득 잉여인간
그림자가 되어 있더라
백세시대라 하는데
백년을 살면 뭣 하나
사람으로 사는 것은 오십년인데
존재하되 내가 없는 게 서러워
아무리 절규해도 보는 이 없더라
늙으니로 산다는게
홀로 표류된 조각배이고
젊은 날 피땀흘려 마련한 내 집은
창살없는 감옥이 되어있더라

너는 누구인가

메마른 사막 한 줄기 생명이고져
와디의 모래알 사이를 힘겹게 기어가다
밤하늘 별들조차
서러워하던 너는 누구인가

애상을 쪼아 대는
차가운 바람의 여울터
운명처럼 대면되는 가식의 유혹에
현기로운 중력을 피 터지도록
견뎌 왔던 너는 누구인가

절벽을 기어오르는 집념의 미소가
소리없는 고독일 때
순교자 하얀 신앙으로 가슴 웅조이며
물지게를 지고 고독한 세상을 걷고져 했던
너는 누구인가

그토록 간절하게 어루만지던 소망이
외진 물길 모퉁이에서 물거품으로 남아
꿈 언저리 밑 줄 긋다가 꿈의 무게를
알지 못해 가녀린 풀잎 미동조차
몹시 아팠던 너는 누구인가

능소화꽃과 할머니
−치매노인

요양원 앞뜰
낡은 의자에
할머니 한 분이 앉아계신다
고운 시절을 대변하듯
능소화 곱게 피었는데
나비 한 마리 날아들지 않는다

다른 것은 다 하얗게 사라졌다
기억 속에 유일하게 남은 것이
어릴 적 아버지가 심어놓고 가신
능소화다
능소화 꽃이 곱게 필 때
어린 나이로 시집을 갔단다
아버지 그리움을 혼수처럼 안고 갔단다

할머니는 능소화 기억 밑에서
종일내 망부석이 되신다
자신이 누구인지 모르면서
능소화 추억을 기억하는
할머니에게 능소화는
아버지의 그리움인가 보다

말을 잊은 할머니
찰라의 기억조차 붙잡지 못하고

능소화 기억과도 잠시
요양사에 의지한 채
천천히 하얀 무덤으로 들어가신다

눈 내리는 밤

바람도
숨 가쁘게 달려오고
구름도
만 리 먼 길 달려왔다
서녘하늘 초승달도
보름 되기를 기다리고
앙상한 초목들도
추위를 견뎌왔다
행여 뜨일세라
인적 없는 야밤 길
사박사박 걸어서
하얀 세상이 오는구나
어둠아 동 틔우고
새들아 일어나라
얼마나 기다리던
하얀 세상인가
내려라 펄펄 눈아 내려라

대청호수

네가 왜 고독한지
나는 알지 못했다
빙 둘러쳐진 산으로
너를 가두고 평온한 가슴으로
가만히 바라볼 때
너는 무척 외로워 보였다

벅차던 숨결로 포옹하던 구름
조용히 우러르는 수면 위에
천상의 약속처럼
또 하나의 마음속 기다림을 만들고

빗물소리 가득하던 너와 나
둔치에 앉아 손을 맞잡으면
눈을 뜨고 밤을 지새는
슬픈 호수가 되었다
너에 고독한 이야기가
이 밤 맑갛게 수면위에 떠 있구나

대청호에 뜬 낮달

어쩌다가 밤낮을 잃고
창백한 몰골로 구름밑에 숨어서
별도 없는 대낮 몸짓도 못하고
주인없는 쪽배처럼
홀로 떠 왔느냐

변두리를 걸어서
아픈 시선들을 동여매고
간밤에 쥐가 갉아먹은 몰골로
허공에 매달린 구름길을
자박자박 용케도 찾아 왔구나

비루한 생 허리 굽어
물결에 흔들리는 너는
나의 문신
실밥처럼 얽힌 매듭을 풀어
종일내 수심을 재어 본 들
내 고독의 깊이를 알까

돈을 받지 않습니다

길을 가다보니 사람들 행렬이
늘어서 있다
흡사 피난민 행렬같이 봇짐 하나씩
메거나 들고 줄을 서서 무언가를 기다린다
자세히 보니
작은 팻말이 하나 세워져 있다

식사들하고 가세요
돈은 받지 않습니다

많이들 드세요!!!

천상의 종소리가 이보다
더 아름다울까
따뜻한 음식 내음이
세상에서 가장 아름다운 향기가 되어
거리를 기도처럼 감돌았다

큰소리를 쳐 본 직도 없고
큰 몸짓 한번 해본 적도 없는
한 끼 식사가 소중한 사람들을 위해

가지런히 두 손을 보은
가슴이 따뜻한 사람들
그들이 진정 성자들이다

마음의 병

풀같이 눕는 법을 배우지 못해
낙엽 되어 쓸려 다니던 너는
깊은 병을 앓고 있구나

육신이 앓아야 할 병을
마음이 대신 앓고 있구나

먹고사는 것에만 마음을 두고
잰걸음 치던 푸른시절
노예처럼 붙잡혀 살다가
몹쓸 병이 들었나 보다

변사도 없는 무성영화가 돌고
낡은 기억들이
주마등처럼 스쳐 지나가는
황혼 언저리에서
너는 몹시 아파하고 있구나

미처 몰랐네

언제나 초록인 줄 알았네
황혼빛 스민 눈가에
일렁이는 잔물결도
갈잎처럼 시들 줄도
그게 지나간 흔적인 줄
난 미처 몰랐었네

석양에 걸린 낮달에
시선을 얹어놓고
옛 시절 연모를 앓는 줄도
난 미처 몰랐었네

허공에 발길 질 하다
서둘지 않아도 될 세월강에 빠져
허우적거리는 줄 난 몰랐었네

비탈밭에 유골을 묻고

가시투성이 아픈 삶
낡은 몸베 바지
남루도 내 것이려니 사시다가
지지리 복도 없이
말년 호강 한번 못하시고
어느 날 문득
병석에 눕더니
비위관 생명줄로 연명하다가
말 한마디 못하고 가시네요

질그릇 같이 투박한 울음이
밤마다 소리없이 베갯잇 적시는데
마음속 깊은 고독을
헤아리지 못했던 불효자식
마지막 가는 길 상여도 못 태우고
분진된 유골을 안고
화개동* 비탈길을 오릅니다

등을 스치고 지나가는
소슬바람에 우수수
오동잎이 떨어지고
햇볕도 시들은 외진 골짜기
만등이 꺼진 듯 고적한 비탈밭
오동나무 밑에 유골을 묻고

다시 못 볼 어머니
가슴이 메여 울었습니다
흙밭에 엎어져 울었습니다

*화개동=충남 금산 고향 마을 뒤 골짜기 지명 사시사철 꽃이 핀다 하여 화개동이라 불렀다함 거기에 부모님이 가꾸시던 비탈밭이 있음.

노송老松

애저녁 산사 앞을 거니노라니
반야바라밀 저녁예불 소리가
천년 노송 촉루 침엽을 휘감는다

충천에 결기를 다 잘라 내고야
비로소 세상 넓이를 재여 보지만
피안은 멀어 아득하고
숙연히 가늠하는 번뇌가
설야 설봉 홀로 뜬
조각 달 같구나

세상을 밤같이 더듬거리며
살아 온 천년 세월이
부엉새 울음처럼 여운지고
척박한 땅 뿌리 내린 연륜은
아득한 열반 저편에 닿아있다

일순간 쪼개져
다비에 던져 질 몸 인데도
팍팍한 삶을 쉬려 날아드는
고단한 새들을 위하여
곁가지를 몇 개를 남겨 두었구나

산울음

산도 울더라

선잠 깬 딜께기
아침 이슬 젖어 울고

님 그리운 소쩍이
아카시아 숲에서 달빛으로 울더라

둥지 없는 뻐꾸기
이산 저산 헤매며 둥지 찾아 울고

성황당 고갯길 해거름 지면
고향 잃은 갈까마귀 가왁가왁 울더라

외딴 오두막 백발 쪽진 여인은
잠 못 이뤄 애절한 풀벌레로 울고

산히리에 누운 이름없는 무덤은
맺힌 한을 메아리로 울더라

세상이 온통 울음인데
계절마다 울음인데
무슨 한이 그리 많아 산도 저리울까

살다가 돌아보니

어느 날 문득
고개를 돌려보니
지나 온 길이
바람이고 구름이더라
비지땀 흘리며 잰 걸음 친 세월
살아도 살아도
모자람만 남더라
그 곱던 청춘은
잠시 떴다 지는 무지개
우수수 지는 잎새
저리 무상한데
허이허이 육십 고개 회한만 남아
황량한 들녘 허수아비 되여
넝마하나 걸치고
홀로 섰더라

민들레 홀씨

민들레가 드디어
길 떠날 차비를 한다
하얀 백발 정갈히 빗어 올리고
지나는 바람을 길동무 삼아
훨훨 날아 떠나간단다

슬프고 고요한 나그네 되어
차별 없는 세상으로 떠나간단다

마냥 떠돌다가
양지바른 언덕이라도 만나면
창공을 나는 철새등에 실어
여기는 봄이 있어 꽃 피운다고
따뜻한 봄소식 전해준단다

삼십년이 지난 후에야

아버지는 항상 짐을 지고 사셨다
이른 새벽부터 해거름까지
종일내 짐을 지고 계셨다
아버지는 항상 짐을 지고
사시는 줄만 알았다

그런데 삼십년이 지난
어느 날 문득
짐을 지고 아버지 뒤를
따라가고 있는
나를 발견하고는
비로소 아버지가 지고 사시던
짐의 의미를 알게 되었다

또 삼십년이 지난 어느 날
나와 같이 아버지라는 짐을 지고
내 발자국을 따라오고 있는
장성한 아들을 보았다

아버지가 그랬듯이
또 내가 그랬듯이
아들도 짐의 무게를
들키지 않으려고
발자국 소리를 숨기며

내 뒤를 따라오고 있었다

삼십년이 지나야 아들도
아버지라는 이름의 무게를
알게 되겠지

세월 길

나침판이 없어도
내비게이션이 없어도
잘도 가는 게 세월이더라
이정표 없는 사막을 낙타로 가고
길이 없는 허공을 기러기 되어 가더라

변화하는 세월이 낯설어서
장님처럼 더듬거리던 무력감도
등 떠밀려가던 새로 난 길도
숨 가빠 잠시 되돌아보니
정 들었던 옛 길은
구석진 산골 자락
어둑한 도랑에 버려져 있더라

되돌아갈 수 없는 세월 길
가다가 지치고 가다가 외로워서
돌아다보니 돌아다보니
내 걸어 온 미풍양속의 길은
훼손되고 허물어져
아무도 가는 이가 없더라

시詩란

시는 덜 익은 풋풋한
햇과일 이어야한다
물이끼 없은 숲속
고요한 바위이고
구름에 달이 흐르듯
바람이 뒤엉킨 나무를
풀어놓듯
다정한 기억을
정갈하게 풀어놓는 것이다
사실이 아니라 동등해야 하며
낙엽처럼 외로워야 하고
호수가 품은 불빛처럼
의미 할 것이 아니라
존재해야 한다

시인은 낙엽이 질 때 편지를 쓴다

만물이 생동하고 꽃피고 새우는 청춘의 시기는 너무 짧아
빨리도 지나가 버리는군 봄꽃은 사흘을 피우지 못하고 시들어 버리지
그러나 소나기 내리고 무더운 염열이 불타는 고통의 시절은
참 길고 지루했지 그것도 찰라 인 것을
친구여 참 마음 편하게 누워 있네 그려
자네가 꿈꾸던 아름다운 세상 등지고 떠나니 서럽기도 했겠지만
속절없이 땅속에 유골을 묻고 잠이 드니 부질없는 세상 안 봐서 좋고
힘든 세상 안살아 좋고 백팔번뇌가 속물처럼 여겨지겠네 그려
나는 아직 이승에 남아 있으니
항상 봄날 같은 젊음으로 건강하고 활기 넘치게 살고 싶고
돈도 많이 벌고 출세하여 기분 좋은 권력도 갖고 싶고
결코 후회하지 않을 매력적인 여인을 곁에 두고 싶지
그러나 인생은 찰나인 것을
그렇게 하여 행복의 극치를 맛본다 해도 영원히 지속될 수는 없으니
진시황제 불로초가 무슨 소용인가
인간의 욕망은 임계점이 없어
아마도 비바람은 물론이고 신神까지 부리려 드는 오만함과
무엇이든 소유 하려는 탐욕 때문에 지옥에 떨어질 것을 염두에 두고
신은 인간에게 백년도 안되는 유한한 생명을 마련해 두었나 봐
아무리 과학이 발달되어 오관의 영역이 넓어진다 해도 시공에 오선을
긋고 노래하며 춤추기에는 한정된 삶에 속박 될 수밖에 없는 게
인생이라는 걸 일찍이 깨닫지 못했네

그런 나에게 가을은 풍요의 계절이 아닐세

가을은 쇠락의 계절이고 추운 엄동설한이 가까이 오는 두려운 계절이지
시인은 떨어지는 낙엽을 보고 가을이 온 것을 느낄 때
창밖에 마음은 쓸쓸하고 파아란 창공에 새털구름처럼 떠간다네
낙엽이 우수수지는 것을 보고 무성한 시절이 지났음을 알면서
쇠락하는 마음은 모든 걸 내려놓는 적멸감으로 바뀐다네
비지땀 흘리는 여름이란 계절을 살아내서 거두어 성취하는
가을이 떠난 뒤 공허함은 무슨 심중의 얄궂은 장난인가
이런 때 따뜻한 안방처럼 온기가 느껴지는 무척이나 가고픈 곳이 있다네

엊저녁 강남에 비 내려
동정호에 가을 물 불었네
나그네 강 건너려 사공을 부르니
사공은 간데없고
고향 생각만 앞서 건너는구나
(청허선사)
휘영청 밝은 가을 밤 달을 쳐다보면 옛 친구들 생각도 절로 나고
청아한 귀뚜리 울음에도 마음은 아득한 하늘 끝을 걷고 있지
내 자라던 오두막 이런한 향수 너무 그립게 하지
봄과 여름이 가고 가을이 저물어 가는 들녘 낙엽만 우수수 흩날리니
마음도 몸도 쓸쓸해짐을 어쩔 수 없다네
친구 여 소싯적 우리 진리를 찾아 오르던 비탈진 갈대 숲길 암자
스님께서 혼잣말처럼 읊조리던 경구 설법이 문득 생각나네
그때는 의미도 모른 채 되뇌었는데 이제야 그 의미를 깨달았다네
다 기억은 안 되지만 생각나는 마지막 구절 적어보네

북풍이여 부탁하노니
추운 이에게 따뜻한 차를 마시게 하고
속박 받는 사람에게 자유를
교만한 사람에게 겸손을
그리움에 가슴 저미는 사람들에게 만남을
손가락을 보는 이에게 달을 보게 하여
평화와 고요 안식과 해탈이 애타는 목마름 차디찬 어둠 뜨거운 함성의
계절을 이제 석양의 나목처럼 다 벗어 놓게 하소서
(昭庵스님)
가을이라서 나그네 같은 쓸쓸한 계절이라서 묵은 잎 하직을 하고
떠나는 것도 작별도 가을에 이루어지니
삼라만상이 쇠락하는 세상 마지막 날 방주에
종자를 보관 하듯 흙속에 생명을 묻고 적멸하는 계절이기도 하지
이제 윤회가 시작되고 텅 빈 들녘 산하는 숨김과 가식의 때깔을
벗어 버리고 또 다른 봄을 위해 잉태를 위해 묵상 한다네
잘 있게 친구 내 다시 자넬 찾아 올 수 있게 기도나 해주게

-1979년에 떠난 고우에게

시인의 꽃
−망초

너는
지상의 남루한 꽃으로
세상 화려함들이 슬퍼지도록
가슴 밑바닥에서 울먹이는
침묵을 품은 외로운 넋의
화신으로 피었지만

차마 못 놓은 연민의 시선들이
겨웁도록 가엽고 천한 이름에
은하수 빛깔을 채색하니
시인의 포근한 미소가 되었다

뒤엉킨 언어와
헐벗은 군상들을
가지런히 원고지에 수놓으니
아름다운 고백의 노래가 되어
유월 마지막 날
은하서림 하얗게 피워 주었다

어느 고백

장점은 반도 안되는
천상의 우매함을 알건만
나의 시가
칭찬으로 충만해 있으면
천재의 뇌를 다 감추고
소박함을 간직하고
우아함을 운으로 적는다 해도
누가 훗날
나의 시를 읽겠는가
천상의 솜씨가
일찍이 지상의 얼굴을 만진 바 없어
누렇게 변질된 원고지
꼼꼼히 배여 있는 검은 혈흔을
주책없는 망상이라
핀잔이나 받을진대
나의 낡은 노래의 유물을
훗날 뒤에 오는 사람들은
무어라 말해 줄까

오월은 엄마 향이 난다

파아란 하늘아래
하이얀 아카시아가
눈부시게 피어
엄마 내음이 납니다
고향 뒷산에서 엄마 향이 납니다

고달플 때 곧장 달려가
포옥 안기고픈 비탈밭 엄마
노송 그림자 길게 걸치시고
쓸쓸한 석양 홀로 견디시며
아직도 자식의 안부를 묻는 듯
할미꽃 되어 피셨습니다

외진 골짜기
두견이 목멘 울음에
아카시아 꽃잎 흐득흐득 떨어지고
꽃진자리 빗물 스미듯
오월에 스민 엄마 내음이
몹시 그리워집니다

이런 분 기억하시나요

평생 등짐 내려놓지 못하시고
새우등 되신 분을 기억 하시나요
쉼 없이 비탈밭 일구시다
굳어 갈라진 거북손 되신
그 분을 기억 하시나요

모든 걸 다 내어주시고
다 마시고 버린 술병이셨고
닳아빠진 헌 신발짝 이셨고
구석방에 버려진
질화로 이셨던 분

그래도 미소를 잃지 않으셨던
그분의 이름은
아버지
애정은 서툴러도 다 내어 주신
거룩한 그 분을 정말 기억 하시나요

이슬

몇 겁을 더 살아야
샘물이 되고
몇 생을 더 살아야
만물의 피가 되며
얼마를 더 진화해야 도랑이 되랴

언제 쯤 이면
맨살 부비는 한 몸이 되어
정겹게 속살거리는
우주의 언어가 되랴

몇 번을 더 울어야
겁내지 않고 절벽을 뛰어내려
계곡을 박차고 흘러
삼라만상과 통정하는
강물이 되랴

몇 번을 소멸하고
몇 번을 생성해야
작은 몸뚱아리가
태초의 근원을 포용하여
자궁 속 양수같은 바다가 되랴

이제 떠납니다

거둘 것도 없고
남긴 것도 없이
숨결 머금었던 이승을 정리하고
이제 떠나갑니다

한줌 뼛가루가 되어
정든 이승의 인연을 내려놓고
마누라 아들 딸 손주들과
영원한 작별을 고하고
아버지가 계신 화개동 비탈밭으로 갑니다

한도 미련도 부질없이
육신이 해묵은 소나무
자양분이 되어 흙으로 돌아가는 것이니
슬퍼 할 것도 없습니다

흙으로 돌아가는 지금에야
인생이 찰나임을 알게 됐고
회자정리 참뜻을 알았습니다
작은 상자 안에 한줌 분진이 되어
평생 해보지 못한 아들의 가슴에 안겨
호사를 누리며 이승을 떠납니다

자유를 위한 기도

이제 화려한 옷을 벗게 하소서
새로운 세상을 위하여
불 꺼진 오두막에 불을 밝히게 하시고
고운 옷을 벗어놓고
나의 알몸을 보이게 하소서

고독을 사랑하게 하시고
북극에 바람을 부르시어
거추장스런 제도의 관습을
훌훌 벗어던지고 원시의 본능을
얼음처럼 투명하게 하소서

그리하여
낡은 통념의 손짓들과
가식을 가려주는 관념의 도구들을
하나씩 바수어내고 원초의 알몸이
진정한 자유임을 깨닫게 하소서

저 산 너머에는

저 산 너머에는
정겨운 사람들이 사는가 보다
아지랑이 나직이 나울거리고
노고지리 솟구치는 창공에
풀빛 저리 짙으니

저 산 너머에는
보고픈 사람들이 사는가 보다
먼 산 꽃구름 저리 손을 흔들고
성황당 고갯마루 벙그러진 진달래
분홍빛 미소 저리 고우니

저 산 너머에는
기다리는 사람들이 사는가 보다
전봇대 저리 내달리고
포플러 가로수 짝지어 서서
신작로 마을버스 저리 반기니

지리산 산사에서
−지리산 암자에서(2017.8)

첩첩 산중 산사에 몸을 뉘이니
사방이 적막강산이다
천년 노송도 잠들어 미동 없고
간간이 들려오는 산새 울음이
잠 못 이루는 동승 흐느낌 같구나

둥글게 둥글게 살으려 애썼건만
살다보니 삼독에 찌든 육신
사슬같은 굴레가 너무 무거워
해탈을 배워보려 산사에 왔는데
회한의 칼날은 너무 예리하고
피안은 아득하여
안식은 간곳없고 탄식만 가득하다

인생 무상함이 바람같고
마음은 허공에 뜬 구름이라
수많은 인연도 흘러간 물이고
살아 온 삶도 물거품이네
들창에 비췬 달빛 마음이 젖어
적막에 잠긴 상념 아프기만 하구나

창窓안의 등불

내 안에 등불이 너무 밝아
창밖은 까아만 어둠이다
장님의 손으로 창을 닦아 보지만
가랑잎 비비는 소리만 났다

별도 보이지 않고
은하수도 흐르지 않는다
어느 날 문득 잠자리에 누워
등불을 껐더니
까맣기만 했던 창밖의 하늘이 보이더니
수많은 별들이 빛을 발하기 시작했다

밝고 선명하게 보려고
켜둔 등불이
오히려 내 눈을 가리고
창 넘어 세상을 볼 수 없게 했다
이제 내 안에 등불을 끄고 창 넘어
세상을 봐야겠다

밝은 빛을 반사하는 거울에 비친
내가 아니라
창 너머에 있는 나를 봐야겠다
어둠에 가려진 창밖의 세상을 위해
때로는 등불을 꺼둬야겠다

추억은

추억은 유리알처럼 투명하지도 않으면서
자꾸 들여다보게 하고
차곡차곡 접어서 주머니에 넣게 하고
잘게 잘게 썰어서
강물에 띄우기도 하고
허공에 뿌려서 구름처럼 흘러가게 하고
끊임없이 혈맥을 타고 흐르면서
고갯길 넘으면서 되돌아보게 하고
보석처럼 현란한 꿈이
아득함이 되기도 한다
아무리 내려놓고 지워도 지워지지 않는
풀물 같은 기억들
몇 광년이나 떨어진 별들의 아득함보다
아련한 아픔이기도 하고
실성한 사람처럼 히죽이죽 웃기도 하고
가끔은 눈시울 적시는 그리움이
밀물처럼 밀려오기도 한다
가슴이 말라 갈 때 적셔주는
마르지 않는 샘물이기도 한 추억
그래서 추억은 소중하고
그래서 추억은 많을수록 좋다

푸념
−2003년 오월 어버이날 묘지에서

엄니 사는 게 왜 이리 힘들어 내 나이가 벌써 지천명을 지나는데
이루어 놓은 것도 없고 누군가에게 절실한 이름으로 불려 본
기억도 없네
난 그냥 엑스트라로 아니 잉여 인간으로 살았나 봐
나 참 못났지
네가 꿈꾸던 글쟁이 꼭 하라고 늘 이르시던 엄마 말씀이
심장에 가시되어 박혀 있는데 여태껏 살았는데도 수많은 날들을
잰걸음 치며 살아 왔는데도 회한만 숙명처럼 지고 있어
얼마를 더 살아야 엄마 소원을 이루어 주지
내 얼굴을 두고도 남의 얼굴을 부러워했고
진짜 내 모습을 잃고 살았나봐
엄마가 낳아 준 내가 진짜 내 모습인데 자꾸 다른 모습으로
살려다보니 진짜 나를 잊고 살아 온 것 같애
엄마 이제라도 엄마 아들 모습으로 살고 싶어
조금은 부족하더라도 진짜 나를 찾아 내 안에 살고 싶어
엄마가 지금 내 곁에 있으시다면 얼마나 좋을까
지금 엄마 소원대로 이름을 남길 작가로 한 발짝씩 가고 있는
내 모습을 보면 얼마나 기뻐하실까
오늘따라 엄마가 몹시 보고 싶네
살아생전에 내가 효라고 생각했던 일상들이 도덕 교과서를
읽는 것 이었나봐
생전에 육남매 걱정 놓지 못 하시고 수심 젖었던 주름진 얼굴에
인자한 미소를 피우실 엄마 모습이 아련하게 떠오르네
이 고적한 비탈밭이 무척이나 쓸쓸하지

그래도 엄마가 매고 가꾸던 고향 밭이잖아
너는 열심히 살았고 또 누구보다 바르게 살았다고
말해 주면 안 될까 잘 살았다고 칭찬 좀 해주면 안 될까
늙어가는 늦은 나이인데도 엄마 칭찬이 듣고 싶네

친구란

오랫동안 잊고 살다가도
문득 소식이 궁금해지는 사람
우연한 인연으로 만나
질풍같은 푸른 시절을 함께 보낸 사람
카톡으로 목소리 없는
안부를 물어 와도
마냥 반갑기만 한사람
무수한 사람들 속에 살면서도
문득 문득
사람이 그리운 나이
카톡이 반갑고
안부 문자가 기다려지는
그리운 친구여
언젠가 우리 떨어진 낙엽으로 누워
다시 못 볼 이별이 오더라도
전화기에 저장된 번호를 삭제하지 말자구나
먼 나라에 가 있더라도
전화기에 새긴 이름 넘겨보면
덜 외로울 테니까

하나 쯤

너는 알지 못하는 것을
알으려 하지도 않는 것을
나는 가지고 있지
산다는 것이 때로는
아픔이기도 하지만
깨지거나 낡은 것들이
더 반짝일 때가 있지
잊어가는 곳에서
한 발짝 내여 디디면
한 발짝 더 깊어지는 생이라는 것
때로는 젖은 가슴을 내여 말릴
쨍하게 해 뜰 날을 기다리며
작은 소망 보석알처럼
간직하고 있지
그래서 절망보다는 희망이
더 반짝이나 봐

해탈解脫과 열반涅槃
-明鏡止水 無想無念 物我一體

文學의 窮極的인 目標는 人間을 아름답게 하는 眞理의 探求이다
人間이 人間으로 아름답게 살려면 節制이다
節制가 통하면 解脫이고 涅槃에 이르는 길이다
잠부 카타타가 舍利弗에게 물었다
사리불이여 涅槃이란 무엇입니까

무릇 貪慾의 소멸 忿怒의 소멸 어리석음에 소멸
이것을 涅槃이라 하니라

염부차가 舍利弗에게 물었다
어떤 것을 涅槃이라 합니까
탐욕이 다 없어지고 어리석음이 다 없어져
모든 煩惱가 掃滅된 것을 말하느니라

또 물었다
사리불이여
거듭 修行하면 열반을 얻는 길과 方法이 있습니까

그것은 八正道이니 즉 1. 바르게 알기 2. 바르게 사유하기
3. 바르게 행하기 4. 바르게 노력하기 5. 바르게 인식하기
6. 바르게 집중하기 이니라 (중략)
(주석; 八支聖度=正見 正思惟 正語 正業 正命 正念 正精進 正定)

(雜何舍經 제18권 제1-3장)
붓다께서 사위성 기타 숲에 계실 때 어떤 사람이 물었다

世尊이시여
世尊의 제자들이 解脫 했을 때 그들은 어디 가서 태어납니까

어디 가서 태어나는 게 아니다
그러면 어디에도 가지 않는다는 말씀입니까
世尊께서 이르시기를
내가 묻겠으니 대답해 보아라

만약 여기에 불이 타고 있다면 그것을 어떻게 생각하느냐
世尊이시여
다만 불이 타고 있을 뿐입니다
그대 말이 옳도다
그러면 그 불이 왜 타고 있느냐고 묻는다면 어떻게 대답하겠느냐
世尊이이시여
그것은 적당한 물음이 아닙니다
불은 나무가 있으니 탔고 나무가 다 탔으니 꺼진 것이지
꺼진 불이 어디로 갔느냐고 묻는 것은 이상한 듯 합니다

그와 마찬가지이니라 인생은 괴로움으로 가득하다
그것은 貪慾과 忿怒와 愚昧함 때문이다
 나는 괴로움을 없애는 방법을 가르친다
격렬한 탐욕의 불꽃이 없어지면 不安이나 괴로움도 없어진다
훨훨 타오르는 불꽃도 태울게 다하면 꺼져 버리는 것과 같다
그것을 나는 涅槃이라 한다

수학자 목건련이 물었다

세존이시여

涅槃이 있고 거기에 이르는 길도 있는데

이르지 못하는 사람도 있습니까

그대에게 왕시성으로 가는 길을 묻는 사람이 있다고 하자

그대는 자세히 길을 일러 줄 것이다

그러나 어떤 사람은 왕시성에 이르고 또 어떤 사람은 길을 잘못 들어 헤매기도 할 것이다

그것은 왜 그런가

세존이시여 저는 길을 가르쳐 주었을 뿐입니다

그것을 제가 어떻게 하겠습니까

목건련아 그대의 말대로 열반이 있고 거기에 이르는 길도 있다

그러나 나의 제자 중에는 열반에 이르는 자도 있고 열반에 이르지 못하는 이도 있다 그것을 내가 어떻게 하겠는가

나는 오로지 열반에 이르는 길을 가르쳐 주는 스승일 뿐이다(중략)

(열반=타고 있는 불이 꺼지듯 타오르는 煩惱를 불꽃의 智慧로 꺼서 소멸된 상태)

(解脫=속박이나 번뇌 따위의 굴레에서 벗어나

便安한 境地에 이른 상태 무한긍정상태)

불교에서 말하는 解脫은 무엇이고 涅槃은 무엇인가

어찌 살면 해탈이 되고 어찌 살면 열반에 이르는가

열반은 곧 죽음을 의미하고 죽음이 곧 掃滅을 의미 하는 것은 아니다 무한긍정 즉 해탈이 없이는 涅槃의 길에 이르기가 不可能하다는 것을 말해준다 正道 正行 正身을 갖추지 못하면 해탈의 狀態에 이르기에

不可能하고 삼가는 정신이 부족하면 결국 墮落의 길로 가게 된다
어리석음을 깨닫지 못하면 人間이 人間으로 사는 法을 모르게 된다
우리는 살면서 道德 교과서나 倫理經典 한번 읽지 않고 자신이 正道
正生하고 있다고 믿거나 부처나 십자가 밑에 조아리면 자신이 靈魂이
救濟받을 수 있고 業報가 사라진다고 생각하는 것은 유리벽 안에서
世上 萬物이 다 보인다고 믿는 近視眼的 愚妹 일뿐이다
사람이 사람으로 사는 것은 그냥 살면 되는 게 아니다
사람이 갖추어야 할 덕목을 갖추고 사람같이 살아야 비로소 사람이다

八正道 解釋
정견正見 = 바르게 보고 바른 견해를 가질 것
정사유正思惟 = 몸과 말에 의한 행위를 하기 전
　　　　　　　바른 의사와 결의를 가질 것
정어正語 = 바른 언어 행위를 할 것
　　　　　말로 사람을 속이거나 인간질 욕설을 하지 말 것
정업正業 = 바른 신체적 행위를 하라
　　　　　살생 투도 싸움을 하지 말 것
정명正命 = 바른 직업에 의하여 바르게 생활 할 것
정진精進 = 용기를 가지고 이상을 향해 노력 할 것
정념正念 = 바른의식을 갖고 이상과 목적을 잊지 말 것
정정正定 = 정신을 통일하고 품행을 단정히 할 것

바닷가에서

세상이 하도 쓸쓸하여
바다는 더덩실 춤을 추고
세상이 하도 쓸쓸하여
파도는 끊임없이 갯벌을 닦는다

우듬지에 회색 노을을 걸친
등 굽은 해송 아래로
아득해 지는 수평선
멀리 있다는 것은
그만큼 쓸쓸하다는 것이다

갈매기 쉼 없이 바다 너비를 재고
옆으로 달리는 게들의 경주도 의미가 없다
세상 밖을 동경하며 불빛을 토하는
고도의 등대도
익사를 서두르는 태양을
멀찍게 바라봐야한다

약속

삼나무 숲 어딘가에서
소쩍이 목메 울던 날
손가락 걸고 어깨를 들먹이던
빨간 볼 소녀가 다짐한 약속
저 달이 열두 번 떴다 지면
그때 꼬옥 돌아 올 거라고
눈시울 적시며 되뇌였지요
그 약속 심중에 묻어놓고
기다려 온 해가 몇 해이던가
잊는 아픔이 기다림보다 서러워
한줄기 그리움 부여잡고
울먹이며 물었습니다
얼마나 더 기다려야
몇 번을 더 달이 떠야
얼마나 많은 별이 지고 나서야
어둠처럼 달려 와
내 품에 포옥 안기겠느냐고

나에게 가을은

거센 태풍과 폭우를 몰고 오던 적란운이
겹겹이 하늘을 뒤덮고 금방이라도
온 세상을 뒤덮어 버릴 듯 기세등등하던 여름도
대자연의 섭리를 거스르지 못하고 발길을 돌리면서도
무슨 미련이 그리 남는지 뒤룩뒤룩 살찐
먹구름이 연일 여우비를 뿌려댄다
잠깐 살터진 먹구름 사이로
삐죽이 햇살이 얼굴을 내밀 냥이면
뜰 매미들 조급히 목청을 돋우지만
한여름 지루한 장마로 젖은 날개가
몹시 기진한 듯 노래가 무겁다
길 떠날 차비를 하는 여름은
밤나무 숲 오솔길 구릉을 넘어서고
아침저녁으로 옷깃을 여미게 하는 길목은
귀뚜리들이 워즈워스 시를 읊조리기 위해 목청을 가다듬고
구르몽이 걸어 올 동구밖은
느티나무가 낙엽을 깔아놓는다
올 가을은 누가 노랗게 익어가는 콩밭 이랑을 걸어서올까

아- 가을이여
고즈넉한 고향 저녁연기가 노스탤지어 깃발로 나부끼고
가슴 한켠에 남은 아련한 추억을 뒤적이며
찻잔이 식는 가을이여

모닥불이 사위면 떠나야하는
보헤미안의 등짝처럼 쓸쓸한 가을
그래서 가을은 시인의 계절이라 했던가
언제나 구름은 흘러가고 흘러오건만
흘러가는 구름이 쓸쓸한 가을이여
정처없이 흘러가는 구름 한 자락에도 의미를 부여하는
시인의 마음은
절골재 고갯마루 서양노을에 물든 갈참나무처럼
미완의 삶들을 떨구고 빈손으로 맞이할 미래가 공허하구나

가만히 꺼내보다가 화들짝 움켜쥐고 산 아래로 내달렸던 가을
결연한 생의 각오도 없이 맞이해야 할 허황한 여정의 마른 손이
농익은 풍성함을 어루만지다가 가는 고개를 가누지 못해 울먹이는
코스모스 어깨를 감싸 쥐고 말라비틀어진 입술로 입맞춤하는
허수아비의 생을 닮아서 더욱 고독한 가을

화려한 관능의 빛깔로 번져오는 가을이 지나고 나면
무상의 허공을 흩날리는 낙엽의 운명을 닮은 인생
가을은 언제나 낭만이 아닌 채로 쓸쓸함을 남기고 떠나는
집시의 여정이기 때문이다

격정에 불타던 여름이 톡톡 튀어 오르는 메뚜기 발길질에 물러나고
황금빛 햇살 찰랑이는 가을
나에게 가을은 나그네 뒷모습 같은 계절일 수밖에 없다
밤새 소리 없이 내리는 고요한 이슬일 수밖에 없다

삶

삶이란
끝도 시작도 없는
광대한 하늘을 이고 사는 것
두 다리로
공처럼 둥근 지구를
디디고 살기에
균형을 잡고
넘어지지 않고 사는 것이다

제2부

나팔꽃 연가

꽃병花瓶
―아내에게 바치는 시

나와 함께 웃고 함께 살아 온
항상 꽃을 담고 미소가 향기로 번지던 질화병이
어느 날 문득 먼지가 덕지덕지 낀 채
속이 텅 비어 바람이 으슬으슬한 창가에
덩그런히 홀로 앉아 있는 모습을 보았습니다

같이 있어 좋고 같이 있어서
덜 외로웠던 덜 외로워서 소중했던
질 화병이 표피에 주름살이 늘어
꽃도 향기도 잃은 채로
늙어 가는 줄 미처 몰랐습니다

어느 장인의 손끝에서 고귀하게 태어나
귀품 있는 거실에서 대우 받아야 할
신분 이어야 했던 고급진 질 화병은
가난한 시인의 거실 창가에서
쓸쓸히 석양 노을에 잠겨 있습니다

항상 자신은 덧보이지 않아도
누군가를 위해 꽃을 담고
묵묵히 고운 미소로 내 인생에 향기가
되어 준 질 화병이 언제나 제 자리에 있는 줄
알고 소중함을 까마득히 잊고 살았습니다

그가 있어 충분히 향기롭게 살았고
나의 아름다운 역사이고
믿음이었기에 나는 오늘도 질화병
앓는 소리에 가슴 무너지며 기도합니다
이 세상 다할 때까지 곁에 있게 해달라고…

그때가 생각나면

문득 가고파서
차를 몰고 달린다
성황당 고갯길을 달리고
섬바위 모롱이를 돌아서니
쪽진 머리 아낙이
된장국 끓이던 강촌 오두막 이다

코에 익은 물 비릿내 정겨워서
강물에 발을 담가본다
아스라이 젖어오는 추억
미역 감던 섬바위는
친구를 잃고
덕지덕지 세월의 때를 덥고
기억 저편에 웅크리고 있다

파도처럼 일렁이던 파아란 호밀밭
강가 둔치 아카시아 숲을
어찌 잊으며
노을이 구릿빛 머리를 풀어 감고
물새가 자맥질하던
유년의 강을 어찌 잊을까

지금도 그리운 강촌의 향수
보릿고개 그 시절이
차라리 그립구나

달 항아리

서리서리 달빛 걷어
님의 시선 얹어놓아
이슬에 흠뻑 젖어
물레가 돌더니
둥글게 하얀
보름달이 되었나

맑고 고독한
달빛 스민 고운 살결
어루만져 그리다가
님의 환영幻影 눈이 멀어
구름 한 점 못 그리고
목단 한 송이 못 피우고
수심만 가득 채웠으니

목도 허리도 없이
배만 저리 부를 수밖에…

당신에게

당신이 비를 맞고 있을 때
나는 우산이지 못했습니다

당신이 삭풍에 떨고 있을 때
나는 추위를 막아 줄
따뜻한 화로이지 못했고

당신이 배고파 할 때
나는 한 조각 빵이지 못했고

당신이 목말라 신음할 때
나는 작은 샘물이지 못했습니다

당신이 외로워 할 때
같이 속삭여 줄 별이지 못했고

당신이 슬퍼 눈시울 적실 때
당신의 눈물을 닦아 줄
손수건이지 못했습니다

이제 늙어 고목이 되었지만
당신 하나쯤 기대도 좋을
그늘이 되렵니다

딸에게
−딸의 결혼식을 끝내고

아빠는 뒤켠에서 눈물 훔치는데
너는 화사한 봄날처럼 웃고 있구나

오래 오래 곁에 두지 못하고
널 보내고 나서 어찌 견딜까

문득 울리는 전화벨 소리가
내 마음 몇 번이나 덜컥 무너질까

둥지에서 파닥이던 작은 날개로
세상을 날으려는 내 예쁜 딸아
네가 없는 빈자리 서성이며

식탁에 수저 가락을 세다가
문득 아빠는
손가락 하나가 잘린 것을 본단다

아빠는 오늘도 두 손 모아 기도하마
기도같이 살으렴
도랑같이 살으렴
들꽃같이 살으렴
원앙처럼 살으렴

수취인 없는 편지

지금은 콘크리트로 덮어버린
뽀오얀 먼지가 일던 자갈길
포플러 가로수가 병정처럼 늘어 선
신작로를 그대와 걷던 기억이
너무 그리워 수취인도 없는 편지를 씁니다

석양이 물들고 종일내 노래하던
뜰매미 합창이 목이 쉬면
절골재 고갯마루 갈까마귀 날아오르고
어둑어둑 해거름이 이별을 재촉하면
그대 양손을 꼬옥 쥐고
아쉬워 못 견디던 애틋함을 적습니다

지금은 어느 먼 하늘가에
할머니가 되어있을 그대에게
이 편지를 병에 넣어
코르크 마개로 단단히 씌워
강물에 막연히 던져보렵니다

참아내기 힘든 그리움이
기도로 흐르는 세상 어딘가에서
그대를 닮은 여인이
못 잊는 추억 하나 있어 강가를 거닐다
건져 볼 수 있기를 바라면서

안개 꽃

나로 하여금
네가 돋보일 수 있다면
고운 향기로 사랑일 수 있다면
너를 감싸다 안개같이 시들어도
기꺼이 안개꽃이 되리
나로 하여금 네가 웃을 수 있다면
밤하늘 별 무더기 되어
너의 가장자리에 둘러앉아
정겨운 세레나데를 밤새 불러주리
있는 듯 없는 듯
내 이름이 작아도
너를 받쳐 주면서
그윽이 바라보는 사랑이고 싶다

잊고 싶은 이름

문득 생각나는 이름
몹시도 그리워
그래서 잊고 싶은 이름
그 이름이 떠올라
잠 못 이루는 밤이거든
창문을 열고 별을 보렴
별 하나 나하나
그리고 잊고 싶은 이름을 새겨 놓으렴
하나 둘 별들이 긴 꼬리를 자르고
서쪽으로 사라지면
말끔히 잊혀져
보이지 않게 될거야
슬프더라도 아주 슬프더라도
그렇게 잊는거야
잠 깨어나면 별이 떴던 자리에
밝은 태양이 있을 테니까

지지배와 첫사랑

나 쬐까날적에
내숭 까던 지지배가
겁나게 좋아 브렀제
도랑가에서 깨구락지 물괴기 잡아
구워 먹으며 치다만 봐도
오살 나게 좋았던 지지배

팽나무 거리 고샅으로 뽀르록
가븐지면 가심이 벌렁벌렁 하든
쬐까날적 그 맴이
워메 사랑이었다냐
누가 갈쳐주지도 않은 고것이
귓방맹이 벌개지는
연애질이었다냐

솔찬히 세월도 가브런는디
워쩐다냐 시방도 고 지지배가
쩨내고 와브를 것 같아
지둘리는 맴을 워째야 쓴다냐

뭐땜시 지지배를 생각 했쌈서
눈물괴여 짜는기여
싸게싸게 잊어쁘고 인자 넘이 돼야지
헌디 고놈 지지배 참 거시기 혀서

못 이자 뿌건네
지지배야
허벌나게 보고잡다

차마 잊지울까

가난하고 어렸던 내가
한 소녀를 사랑해서
지금도 꿈속을 찾아오는데
차마 잊지울까

들풀을 닮은 소년이
망초꽃 하얗게 핀 강둑에 앉아
마냥 못 잊는 맘 한 움큼
강물에 띄워 놓고
막연한 기다림이
물결에 어릿어릿 부서진다 하여
차마 잊지울까

순정어린 사랑이
수박처럼 쪼개지던 날
심장이 터질 듯 복받치던
애절한 슬픔이
강물이 아득히 흘러갔다고
꽃이 수 만 번 시들어 떨어졌다고
차마 잊지울까

아카시아 숲길 언덕
달빛 그늘에 숨어서
작은 어깨를 들먹이던

앳된 소녀를
차마 못 보내
흥건히 고인 눈물
하염없이 넘치던 홰 울음을
차마 잊지울까

추억

나에게도 지울 수 없는
추억 하나 있지
스무 살이 되던 어느 봄날
우연처럼 닥아 온 소녀
심장이 부풀어 터질 것 같아서
다가서지도 못하고
허공에 시선을 던진 채 별만 세었지
우리 걸어요
수줍어 오물거리던 소녀
소녀와 걷는 금강 둔치 둑길은
별도 물도 바람도 축복이었다
이름 모를 산새 지저귐은
세레나데 되어 달빛을 타고 흘렀다
행복하고 황홀했던 순간들이
영원하기를 간절히 바랬건만
어느 해 여름 밤
소녀는 문득 어깨를 들먹였지
아무 말도 없이 소녀는 울었다
슬픈 예감은 벌써 강 저편에서
이별을 손짓하고 있었지
울었다 마냥 울었다
이별의 아픔이
얼마나 슬퍼야
얼마나 많은 해가 바뀌어야

잊혀질지도 모른 채
소녀의 등을 꼬옥 안고
수박처럼 쪼개져서 홰울음 울었지
어딘가에 할머니가 되어있을 그 여인은
아직도 내 가슴에 소녀로 남아있는데

나팔꽃 연가

만약에 당신이
나 홀로 두고 떠나면
차마 못 보내 홰 울음 울다가
당신 유골에 꽃씨 한 움큼 넣어서
침실 창가 맞닿은 뜰아래 묻으리다

보고파 밤 지새 흘린 눈물
뜰아래 마른 유골 흠뻑 적시우면
이듬해 햇살 고운 봄날 아침
숨결 고운 싹을 피워
이슬 밭 달려 온 기별같이
넋이라도 한 송이 피워 주소

꼬깃 꼬깃 접어둔 정 못 잊어
밤새 꿈속에서도 그리던 당신
동 트기 전 새벽 잠 깨여
두 눈이 물리도록 당신 보듯 보겠소

형제

견우와 직녀가 만나는 날
칠월 칠석이 우리 형 생일이라우

동쪽에서 흐르는 개울에 머리를 감고
가족이 모여 음식을 나누는 유월 유두가
내 막내 동생 생일이라우

출생을 기억하는
한 핏줄 산맥이요 한 핏줄 흐름인데
같은 하늘에 살면서도
만날 수 없는 해와 달이라우

견우와 직녀는 칠석이라도 있어
만고에 섧다는 해후를 하는데
유두가 지나고 칠석이 지나도
해와 달은
여전히 낮과 밤을 가는구려

당신에게 못한 말

사시다가
내 곁을 떠나게 될 때는
이 몸 걱정은 하지마세요
삼시세끼 끄니 걱정
외로울까 걱정
혼자 남아 아플까 걱정
걱정걱정하면서
뒤돌아보다가
가는 길
늦어 극락문 닫혔거든…

가을 다 가기 전에

양각산 단풍잎
다 졌나요
적벽강 흰 눈 내려
얼기 전에
추운 허공 기러기 날기 전에
샘재마루 그믐 달 지기 전에
부엉새 울다 가기 전에
꼭 한번
당신을 만나고 싶네요

당신

맛있는 음식을 먹을 때는
당신 생각이 납니다
아름다운 꽃을 볼 때도
당신 생각이 납니다
지금 나는 식장산 둘레 길을 걸으며
당신 생각을 합니다
들국화 향기 짙은 가을날이 아니래도
백날 천 날
당신을 생각하며
언제 어디서라도
당신을 떠올리며
살 수 있도록
내 정신이 항상
지금에 머물러 줬으면 좋겠습니다

그대에게

그대에게 나는
단풍잎 다 떨어진
나목인가요
꽃도 지고 잎도 진
빈 산 인가요
그냥 바라보는 먼 산인가요

나에게도
무성했던 여름이 있었음을
곱게 단풍 든 가을도 있었음을
기억해 주세요

이제 추운 겨울을 맞이하는
앙상한 나목이 되여
시린 가슴에
달빛만 고요한데
그대마저 내 곁에 없었다면

제3부

고향

| 산문 |

고향

양각산이 해묵은 이야기를 펼쳐놓고 굽이쳐 흐르는 금강 여울이
옛 이야기 조잘 대는 내 고향 금산
성터산 기슭에 해걸음이 나래를 펼치면
아! 쪽진 머리 울 어머니 호롱불 켜시던 오두막
정선의 산수화 한 폭처럼 묵향 내음 물씬 풍기는 내 고향
금강 둔치 파란 보리밭 이랑에서 종달이 노래하며 창공에 솟구치다
보리밭에 풀썩 떨어지면 종달이 주우러 쪼르르 달려가
종달이 찾다가 빈 꼴망태 들고 돌아와 주눅이 든 나에게
누이의 보조개가 활짝 핀 꽃처럼 웃어주던 유년이 아롱지는 곳
봄비 잦으면 풍년이 온다고 일손 바빠진 울 아버지 소깔 베어오라는
무거운 명령을 뒤로하고 동무들과 물고기 잡아 천렵을 즐겼지
그때 그 시절이 너무 그리워 내 고향 강촌에 달려갔더니
아 아무것도 없구나

사월 가뭄에 피터지게 물고싸움 하다가도 단비 내리면 이웃들 모여서
지지미 부쳐놓고 박배기로 화해하면 순수의 시절도 없고
겨울이 오면 성에 낀 사랑방에 생솔가지 꺾어다가 불 지피고
온돌이 달궈지면 눅눅한 곰팡이 냄새 역 하게 풍겨도 하나 둘씩

모여들어 나이롱뽕 미나토로 라면 내기 하던 친구들
손전화도 없고 텔레비전도 없어도 금성 라듸오 주파수만 맞추면
세상 소식이 들려오고 아침에 사립문 가죽나무에 까치가 울면
집배원 아저씨 빨간 자전거를 기다리던 그 시절
색바랜 추억의 조각들이 문명에 쫓겨 혹은 마을 어귀 도랑 구석에
해묵은 쓰레기로 버려졌는지 보릿고개 허기진 아낙들 절구에
풋보리 찧으며 한숨짓던 뜨락에 기진한 삽사리 오수를 즐기던
소박한 풍경도 고향엔 내 고향은 없다
새마을 회관 확성기가 새벽을 알리면 첫 닭처럼 잠을 깨던 그 때는
열심히 일하면 잘 살수 있다는 희망이라도 있었는데…

엄니의 오두막
−오두막에서(1997년 7월)

쪽진 머리 엄니가 떠난 오두막
텃밭 매던 몽당 호미 한 자루가
덩그런히 헛간 벽에 걸려 있다

문살 헤진 안방구석은
해묵은 묵재를 품은 질화로가
싸늘한 유골처럼 식어
색바랜 시간들이 사글고 있다

부엌으로 뚫린 화톳 구멍에
솔가지 태워 불 밝히던 묵은 세월이
까맣게 그을린 신문 벽지는
5.18기사 활자가 선명하다

들창은 거미가 헤진 그물을 기우고
잡초 무성한 뜨락에
하얀 고무신 한 켤레 가지런히
놓여 있다

엄니가 문득 그리워진다
삭풍에 문풍지 울던 밤
희미한 호롱불 밑에서
찌든 가난을 기우시던 울 엄니
오 남매 추울세라 이불자락 다독이던
울 엄니가 몹시 보고파진다

물떼새 떠난 강

양각산 적벽을 휘돌아
하늘빛을 닮은 물길이 굽이쳐 흐르는
내 고향 금강 상류
동무들과 물고기 잡아
천렵을 즐기고 미역 감고 다슬기 줍고
목마르면 강물을 마셨던
물속깊이 햇빛 스미던 청정한 강이었다

은모래 조약돌이 보석을 깔아놓은 듯
반짝이고 물떼새가 하얀 몽돌을 닮은
알을 낳아 품고 새끼 치던 곳
물오리 자맥질하며 물결을 줍던 곳
강 건너 사공집 포플러가
긴 머리 풀어 감던 아름다운 곳 이었다

어느 날 개발이라는 푯말을 세우고
강바닥을 파헤치고 모래를 파다가 아파트를 짓고
가장자리를 높다랗게 둑을 쌓은 이후로
퇴색의 잔해들이 쌓이고
물때 덕지덕지 낀 잡초 무성한 둔치는
아기 물떼새가 살 수 없어
강을 버리고 눈물을 쏟으며 떠났다

맑은 숨소리가 활기차고

쉬리 떼가 여울을 박차고 오르던
쪽빛 물결 맑았던 내 고향 강은
물떼새가 떠나고 물고기들이 떠나고
검은 낯빛으로 신음하고 있었다

소중한 유산
-어머니 유품을 정리하면서

무명실 곱게 꿰어
밤 지새 만든 행주치마

울 엄마 곱던 시절
시집살이 고된 설움

남 몰래 흘린 눈물
훔쳐내던 행주치마

우리 남매 기를 적에
콧물 땀물 닦아 주고

비 올 때는 우산 되고
잠잘 때는 이불 되고

개똥참외 싸다 주던
울 엄마 행주치마

풍상에 절은 자락
세월에 헤진 자락

서리서리 접은 사연
장롱속에 남겼네요

화개골 비탈길

어릴 적도 아버지 따라
이 길을 걸었고
어른이 되어서도 이 길을 걸었다
아파도 이 길을 걸었고
슬퍼도 이 길을 걸었다

이 길은 내가 살아 온
삶 이었고
내 성장한 세월이었다
힘들면 힘들수록
이 길은 가파르게 휘었고
발자국 흔적마다
내 고독한 눈물이
기도가 되어 고였다

부모님 유골을 안고
울며 오르던 이 길을
쓸쓸한 여륜을 안고 오른다
머지않아 자식들이
정들지 않은 비탈길을
내 유골을 안고 오르겠지

내 고향 7월은

뜨거운 입김을 불어내는
다랭이 논에 해거름 질 때면
피 뽑으시던 아버지
뜸부기 울음을 장단 삼아 목청을 늘이던
메나리 노랫소리에
콩밭 매는 엄니는 한숨소리로
적삼에 배인 땀방울 훔쳐내던
7월이었다

장독대 더위 먹은 봉숭아꽃
화염을 품어내 듯
씨주머니 톡톡 터트리는 오후
뒤뜰 텃밭 옥수수가 익어가고
감자 찌는 엄니 이마에 송골송골 맺힌
땀방울이 노을빛에 물들어
구슬처럼 반짝이던 7월이었다

뭉게구름 솟아오르는 석양 노을에
피라미떼 펄펄 솟구치면
냇가에 매놓은 흰털배기 암소가
집 나간 송아지 길게 부르고
휩쓸려 나는 고추잠자리 날개에
능소화빛 그리움이 나부끼던 7월이었다

잊혀져 가는 내 고향 7월은
시냇가 미루나무 꼭대기 뜰 매미
목청 높여 가을을 부르고 들마루 밑 귀뚜리
이른 울음에 어린 나이로 객지 간 누이 생각나서
보리밥 상추쌈에 눈물 짖던 7월이었다
가만히 눈물 짖던 칠월 이었다

향리해후鄕里邂逅

잠 깨여 문을 열면
해 뜨는 양각산이
이마에 맞닿은 곳
뜸봉샘 물길 적벽 휘돌아
천리를 달리다가
나룻배 사공 구성진 가락에
덩실덩실 가래질 하는 곳
오리 솔밭(松林)
아카시아 숲
잠을 자도
잠을 깨도
그때 그 시절 그리움뿐이다

제4부

꽃들의 착각

Help me

세상의 절박한 외침은
듣지 못하면서
희망의 의지조차
산산조각 내버리는
귀먹은 종소리는
누구를 무엇을 위한 울림인가

마지막 숨결 가다듬고
두 손 흔드는 단발마 외침
절박한 바동거림으로
세상을 향해 소리쳤다
헬프 미
애절하게 메아리치는
처음이자 마지막 울부짖음에
아무도 손을 내밀어 주지 않는다

기진한 절망들이
마른 눈꺼풀 위에 떨고
은밀히 숨겨진 절규를 끌어안고
간밤 소리 없이 숨결 멎었는데
공허한 종소리는
누굴 위해 새벽을 깨우는가

old alley

올드 앨리에는
소박한 꿈을 안고
쓸만한 뼈의 이름도 없이
당나귀 이름표를 달고
첫닭처럼 잠을 깨서
새벽을 여는 사람들이 산다

올드 앨리에는
고향을 잃은 민들레가
바람에 밀려 와
고샅길 모퉁이에
이방인처럼 모여 산다

하늘로 향한 비탈언덕
방범등이 꺼진 달동네
해마다 살구꽃이 피고
대문도 없이 사는 정겨운 사람들이
울 넘어 떡 쟁반이 오가며 산다

갑甲이다

집구석에는 여편네가 갑이고
세 살짜리 딸내미도 갑이고

세상에 나온 지 여섯 달 밖에 안되는
개아지 새깽이도 갑이랑깨요

우리 세 식구 생존을 거머쥐고
3차 대전 난검시롱 소가지를 내는
사장님도 갑이고

매급시 트집 잡고
말(言)대가리 질게 쪼사갈기는 부장도 갑이고

쩐만 주면 아무리 무거운 죄도
무죄로 맹그는 전관예우 거시기도 갑이고

생사여탈권을 쥐고도 테미스 저울을
무색하게 하는 거시기 망치도 갑이고요

한번 직장은 평생직장인 밥그릇 챙겨주는
전관예우 빽으로
부실주택 짖는 뭐냐 거시기 직원들도 갑이고

은행가면 대출 창구 직원이 갑이고
음해 싸움질 막말 잘하는 국회 거시기들도 갑입디다

고독 사死
−어떤 노인의 죽엄

달동네 골목어귀 스레트집 쪽방 들창에 어느 날 문득 전등불이
꺼졌다 숨이 넘어가 듯 비명 같은 기침소리도 사라졌다

육이오 사변 때 남편을 잃고 청상으로 물장사 하며 살아왔다던
목포댁 할멈과 죽이 맞아 탁배기 한잔 올려놓고 구름같이 흘러 온
이야기를 파노라마처럼 펼치던 김노인

아들 딸 자랑을 침이 마르게 늘어놓다가 목포댁 할멈과 신세타령 하며
울다가 웃다가 놀이터 벤치에 망부석처럼 앉아 있는 두 노인의 동공속에
쓸쓸함만 가득하다

먼저 간 할멈이 그리워 주름진 눈가에 송알송알 눈물이 맺히던 김노인
신방 이브자리 한번 깔아보지 못하고 남편과 헤어져 생사도 모른 채
시 부모만 모시다 홀로 되어 바람처럼 떠돌며 안 해 본 일 없이
살아 왔다는 할멈은 서리서리 맺힌 한이 서러워 마른 울음을 삼키던
할머니 근황이 무척 궁금해진다

마누라 제삿날 제사상에 올릴 실한 굴비 한 마리 살려고 꼬박 이레 동안
폐지를 주워 팔았다는 김노인
생전에 그리 먹고 싶어 하던 굴비 구이 제상에 올렸는데
술기운에 잠이 들어 마누라가 잘 먹고 갔는지
모르겠다며 목멘 소리 하던 김노인

일제에 징발되어 탄광 막장일에서부터 공사장 막일 리어카 짐꾼으로

전전 하다가 용케 주물공장에 취직이 되어 반장까지 살아먹었다고
은근히 자랑을 늘 놓던 김노인
자신도 한 시대 산업 역군이었다고 목청을 높이며 세상살이
한숨으로 한탄하더니 엊그제 쪽방에서 홀로 숨을 거두었단다

입만 열면 자랑하던 아들딸은 보이지 않고 손주를 기다리던
사탕봉지만 덩그런히 궤짝위에 놓여 있고 형광등만
할아버지 죽엄을 슬퍼하듯 희미한 불빛을 깜박이며
외롭게 떠나는 김노인의 임종을 지켜보고 있더란다

배운 것도 없어 급변하는 문명의 패잔병으로 살다가
그가 남기고 간 연탄 다섯 장과 누렇게 말라버린 밥 한 덩이 곰팡이 핀
김치 몇 조각 때가 덕지덕지 찌든 이브자리 폐지를 줍던 손수레
이불 밑에 감추어 둔 천 원짜리 지폐 몇 장이 칠십여 년 인생 전부더란다

먼저 간 마누라가 얼마나 그리웠으면 누렇게 색바랜 흑백 사진 한 장
꼬옥 쥐고 숨을 거두기전 헤진 노트장에 연필로 눌러 쓴 일기처럼 남긴
김노인의 말 한마디 우리 손주가 보고 싶은데……였단다
나는 오늘도 골목길을 지나다가 창호지 헤진 들창을 기웃대며
할아버지 명복을 빌면서 우리 사회에 김노인처럼 고독 사 하는
노인들이 없기를 소원해 본다

개망초

망할 놈의 잡초라고
욕먹는 것도 서러운데
그냥 망초꽃이라
불러도 좋으련만
왜 하필 개 자를 붙여 개망초인가

그래도 너는
버려진 땅 황량한 들녘에
투명한 햇살을 풀어놓고
마알간 하늘을 닮은 족속으로
화려하지 않아서 더 순결하고
곱지 않아서 더 소박한 꽃이다

개망초면 어떻고
잡초이면 어떠리
메마른 황무지에 피면서도
보릿고개 허기진 사람들에게
여린 이파리 아낌없이 내어 준
너 보다 고운 꽃이
이 세상 있다 할까

까치가 집을 짓네

아직 찬바람 역력한데
추위도 아랑 곳 없이
까치가 집을 짓네
식장산 죽은 가지 베어다가
차곡차곡 둥글게 집을 짓네

우르릉 쾅 꽝
재개발 공사장 중장비 소리 요란해도
무엇을 더 볼 게 있고
무엇을 더 바랄게 있다고
아파트 공사장 뒷산 언저리
달동네 교회당 십자가 철탑위에
부지런히 집을 짓네

코로나 팬데믹에 거리마다 불이 꺼지고
팍팍한 살림살이 한숨소리 무거워도
정든 골목 떠나지 못하고
새끼 낳아 길러 보겠다고
까만 매연에 찌든 골목 피해서
십자가 철탑 하늘 가까운 곳에
까치가 집을 짓네

꽃들의 착각

각기 다른 모습으로
다른 향기를 가지고
꽃들이 피였다

나비 한 마리 우아한 몸짓으로
오락가락하니
꽃들은 아름다운 자태를 뽐내며
환하게 관능의 미소를 지으며
나비를 유혹한다

나비는 단지 꿀을 먹으려고 왔을 뿐
신랑이 될 생각은 애초 없는데
꽃들은 잉태를 위해
일제히 고혹스런 신부가 된다

나는 당나귀인가

독수리는
용맹한 하늘의 제왕이고
학은 고고하여 선비의 기상이다

까마귀는 그 빛이 검어도
효심의 표상이고
원숭이는 비겁하다 욕을 먹어도
지혜의 대상이 아니던가

종일내 등짐이나 지고 나르는
귀만 큰 등신
우리 조상은 대대로 당나귀였고
가난뱅이 농부의 아들로 태어 난
나는 흙수저라고 이름 지어진 당나귀이다

네 놈이 미쳤구나

어리석은 환호에 지칠 줄 모르고
순수를 오염시키는
네 놈이 미쳤구나

흐름을 역류케 하고
광란의 불빛을 즐기는
불나방 같은 족속들
썩은 그네 줄에 곡예를 즐기는
독주에 취한 삐에로
네 놈들이 미쳤구나

관능의 현기로운 불빛에 휘청이는
화려한 앵속에 취한 집시
네 놈도 미쳤구나

보도블록 틈새에 핀 민들레를
아무렇지도 않게
짓밟고 지나가더니
울 넘어 떡쟁반 오가던
담장에 철조망은 무엇인가
참으로 네 놈이 미쳤구나

호박 넝쿨이 담장을 넘어
정분을 이어주던

백의의 소박한 삶들이 송두리째
문명의 황금 이빨에
갈기갈기 물어 뜯겼다
순수를 난도질한 문명의 숭배자여
네 놈은 진정 미쳤구나

나에게 술을 다오 · 1

육십 근이나 되는 육신보다
보이지 않는 한자락 영혼이
더 무거울 때가 있다
고혹스럽게 핀 장미보다
한 방울 이슬을 머금은
나팔꽃 순수가 더 아름다울 때가 있다

나에게 술 한 잔 다오
태초의 은근한 향수가 곁들인
그런 술 한 잔 다오
뜨거운 열락으로 취하고 싶다

깃털 없는 날개가 무슨 소용이랴
썩어 문드러질 욕망의 잔재들을
억센 새발처럼 깔고
벌거벗고 세상과 마주앉아
절규하고 싶다

휴식조차 거부했던 파닥임이
어둑한 공동묘지 하얗게 뼈 마른
이름 없는 무덤처럼 공허하다
술 한 잔 다오
이제 지쳐보고 싶다
방랑자 미몽같이 취해보고 싶다

높은 자리

꼿꼿이 고개를 들고
위를 본적 없는 내가
세상을 향해 대가리 좀 쳐들어 보려고
높고 낮음이 없는 청산에 들렀더니
파계승이 노송 밑에서
오수에 취해 계시더라

한 번도 오른 적 없는 높은 자리
발밑에 있는 세상 모습 보고 싶어
식장산 정산을 허이허이 올랐더니
그곳도 높은 자리는 아니더라
더 높은 곳에 권력도 없는 새가 날고
더 높은 곳에 남루한 구름도 있더라

그래도 높은 곳에 오르니
참 좋더라
발 아래로 보이는 세상이 좋고
하늘이 가까워서 좋고
올려다만 봤던 나무 꼭대기가
내 눈 아래 있어서 좋고
나보다 보폭이 빨랐던 사람들이
같은 보폭으로 걷고 있다는 게 좋더라

| 산문시 |

담살이

나 쪼까날즉에 우리 동네 최 부자댁에 담살이 하는
총각이 있었는디 이름이 뭐시더라 오래돼서야
이름도 이저 번졌네
워따메 단오날 고래실 물배미에 두엄 내란다고
배창시가 뒤틀려서 소가지를 냄시롱 삼거리 짐천댁
주막에 앉아 주둥박이 댓발 나와설랑 탁배기를
돼아지 꾸정물 들이키듯 마심서 한 볼떼기 쳐 발라 브른디
내가 매급시 소가지를 내능게 아니당께
쓰벌 드러브서 못해 먹겠쓰라 워떤 늠은 죈 잘 만나
단오날 물괴기 잡아 철립들 가고 지지배들 권디 타는거
귀경 한다고 쩨내고 미루나무골 마실 가는디
요늠은 뭐당가요 얼마나 이날을 지둘렸능디 환장 하것네
냄들 다 노는디 두엄 바지기 지고 잿마루 겨브라니
워메 배창시 불어 터져 버리갔소
허구헌 날 시꺼먼 꽁보리밥 턱 빠진 사기사발에 곰이 핥은
뫼양시롱 삭 깍아 퍼 주더니 오늘 아첨은 반섹끼
밥 고봉 허구 비렁내 나는 꽁치 대글박 구워 주길래
솔찬히 고마워 함시롱 허청들리 듯 먹어브런능디

요짗꺼리 허벌나게 시켜먹을려고 험 홀터잡고 내숭인기여
우리 쥔 늠은 을매나 욕심이 허벌나게 많은지 이부자네
머심은 단오날 이라고 새옷 지여 입피고 노자돈 줌서
고향에 엄니 보고 오라고 보내는디 최부자늠은 노는 날도
고래실 물빼미 두엄 퍼 내라고 설쳐브르믄 맴이 쪼까
껄쩍찌근 함시롱 속창시가 안 골것소
오살을 헐 세경도 쭈그렁 나락으로 한섬 두말 줌시롱
허벌나게 시켜 쳐먹을려고 널 뜀박질하고 자빠졌는디
집구석이 없시살아 담살이 허는 늠은 이름도 성도 없다요
엠빙 헐 흐연 쌀밥 배아지 따땃하게 쳐먹고 꼬랑댕이 살살
흔듬시롱 아부나하는 개새깽이 만도 못한 신세요 시방

담쟁이

세상이 얼마나 느슨 하길래
저토록 칭칭 동여맸을까
세상이 얼마나 헐거웠으면
높은 담장 넘어질까 저어되어
저렇게 촘촘히 얽어매고 있을까

세상이 얼마나 시끌시끌하면
세상 한번 읽어 보겠다고
점자를 찍 듯 담벼락을 찍으며
물기 없는 담벼락에 귀를 붙이고
기갈을 참고 저리 견딜까

물 한 방울 없이 메말랐어도
벽은 절망이 아니라고
세상이 아무리 헐거워도
꽁꽁 동여 매 볼 일이라고
절망의벽 푸르게 다 덮겠다고
저토록 벽을 잡고 못 놓는 것일까

돈만 있으면

마냥 죄를 짓고
살아도 된다

죄지었다고
회개하고 기도 할 필요가 없다

돈만 있으면
신이 용서 못할 죄도 무죄를 만들고

누가 만들어 파는지 몰라도
돈만 있으면 천국에 가는 표를 살 수 있다

네 이름을 모르겠다

새벽 뒷산 공원 산책길을 걷노라니
네가 보인다 자세히 보지 않아도 발밑에 웅크린 네가 보인다
배시시 미소를 머금고 아가처럼 잠이 든 네가 보인다
너를 깨우지 않으려고 깨금발로 사알짝 비켜 가는데
은밀하게 다박솔 밑에 늦잠 자던 덜께기가 화들짝 놀라
깃털도 챙기지 못하고 알몸으로 잰거름치는 바람에
풀꽃들이 일제히 이른 잠을 깬다
아침 햇살 청명한 향기가 새벽안개 헤집고 달려오고
눈 부비며 울먹이는 풀꽃들을 연민하며
다정히 불러 달래주고 싶어도
나는 너의 이름을 모르겠구나
풀인지 꽃인지 그저 풀이라 불러 본 것밖에
한 번도 네 이름을 생각해 본 적이 없다
진즉이 식물도감이라도 뒤적여 봤더라면
네 이름을 알았을텐데
이름을 찾아야겠다 혹여 산불이라도 나서 피난 길 오르면
이름 석 자라도 있어야 챙겨들고 갈게 아닌가
첩첩산중 산골 풀들도 달개비 담초 제비 방풍 물고사리
제각기 이름을 갖고 사는데
도심 가까운 공원에 사는 너에게는 불리는 이름이 없다니
참 무심했구나
수많은 생명들이 어우러져 사는 세상에 너희처럼
소리도 없이 태어나 이름 한번 불리지 못하고 숨은 듯
살아가는 풀꽃들이 얼마나 될까

같은 잡초이면서 힘세고 억센 기득권에 제 것도 아닌 햇살을
독차지당한 여린 풀꽃들이 얼마나 될까
차라리 뿌리째 뽑혀 거리 가판대에서 네 이름이 아닌
이름으로 팔리기 보다야 이름은 없어도 좋을 발길 닿지 않는
돈도 권세도 없는
미지의 땅 고적한 평화가 더 나을 성도 싶구나
고적한 평화를 즐기는 잡초인 게 나을 성도 싶구나

만취

부질없는 분노를 가로질러
보헤미안 모닥불 보다 아늑한
오색 시공에 눕고 싶어 만취했다

이승에 일 저승에 가서 고자질 하는
우주의 고독자가 되려고
고달픔에 쪼들린 맨발들이
좀비처럼 비틀거리는 제국을
독사의 혀로 고자질 하려고
난 오늘도 만취했다

황금만능으로 부패되어
고혹스런 앵속꽃에 현혹된 제국
화려한 장막 뒤편에 감춰진
가증스런 위선으로 분장한
삐에로를 고자질 하려고 만취했다

맨 눈으로 응시 할 수없는
민중이 갈망한적 없는
기울어진 저울로 지배되는 땅
평행이 지워진 거리에 웅크린 시선들을
만취되지 않으면 볼 수가 없어
악어 이빨처럼 날카롭고
억센 술로 만취했다

민달팽이

민달팽이가 움막에서
헐 벗은 맨발을 내밀더니
천천히 지하 터널로 들어가
마른 덤불에 부리를 묻고
밤을 견디는 새처럼
무가지 몇 장으로
시린 어깨를 묻고
눅눅한 잠을 청한다

겨울밤의 기류는 오지보다 춥다
창백한 불빛이 조우는 지하터널
무가지속에 감춰진 삶은
춥고 외롭기만 하다
가끔 꿈꾸듯 소망하는 따뜻함은
그저 몽롱한 사치일 뿐이다

날이 밝으면
헐 벗은 맨발로 아스팔트를 핥으며
고단함으로도 포만 되지 않는
시장끼를 안고
마른 거리 넝마를 걸치고
목거지 없는 거리를 헤맬 것이다

병아리들의 소원

엄마!
룻소 선생님은
에밀에게 글 읽는
법을 가르치지 않았대요
글을 쓰는 법도요
노오란 부리로 이방인의 말을
흉내 내라고 강요 하지도 않았고
어린 작은 새에게 황새를 따라가라
조르지도 않았대요

부패 없는 무기질 세상에서
에밀을 자라게 했고
순수의 동심을 벗어나지 않게
무심히 밟았던 개미들의
아픔을 알게 했대요

군림하는 것보다
섬기는 이치를 알게 했고
방종보다
자유의 가치를 알게 했고
권리보다
의무의 소중함을 알게 했대요

엄마!
우리는 경쟁 따위는 몰라요
학문도 권세도 없는
노오란 동심을 돌려주세요
덜 자란 날개로 세상을 비상하랴
떠밀지 마세요 우린 무섭고 두렵답니다

백수의 오후

먼 길 달려 온 구름 한 떼
후드득 후드득
젖은 물방울을 털어내는 오후
배를 깔고 엎드린
대 낮이 심심하다
밋밋한 자취방 유리창에
빗방울이 날아와 파들거리다
투명한 물꽃을 피우더니
연한 입술을 톡톡 찍는다
먹먹한 적요
일순간 섬광이 일고
뇌성이 들창을 후린다
마당에 패대기치는
빗발 쪼개지는 소리에
무력한 내 심장도
함께 쪼개진다

소(牛)

소라는 신분으로 태어났기에
죄목도 모른 채 코를 꿰었고
누더기 짚신을 신고
무거운 수레를 끌어야 했다

순종하지 않으면 채찍이
바람을 갈랐고
항변 한마디 못하게 굴레를 씌웠다

소라는 신분이기에
바위같은 힘이 있어도
저항 한번 못했고
몸짓 한번 크게 하지 못했고
커다란 눈 한 번 브라리지 못했고
마른 짚단을 씹으며 눈물을 삼켜야 했다

소라는 신분이기에
도살장에 끌려가 죄목도 모른 채
시퍼런 도끼날을 몸에 받아야 했고
예리한 칼날로 난도질 되어
식탁에 진상 돼야 하는 노오란 신분증을
어린 송아지 귀에다 노란 수번저럼 박아 놓았다

여보 나무라지 마오

남들은 잘도 견디는데
이놈은 왜 이렇게 힘이 드는지
게걸음으로 설설 기다가
대머리 보스 앞에서 작아지고
울화통을 짓이겨 밟다가
옥상에 쭈그리고 앉아
애꿎은 담배만 뻑뻑 빨아대다가
빌딩이 해를 집어먹고 나서야
더럽고 치사한 일상을 벗어나
허기진 배에 깡소주 몇 잔 부어 넣으면
그놈의 간이 배 밖으로 나와
이제 그만 사표를 쓰라고
큰 소리를 쳐대지만
여우같은 마누라 토끼 같은 자식들
생각에 풀 죽는 게 이놈이라오.
복권방에 들러 로또 몇 장 사고
즉석 복권 몇 장 북북 긁으며
행운을 간절히 바라지만
지지리도 복 없는 이놈은 허탈한 웃음만
한 움큼 토하고는 목거지를 잃은
발걸음을 휘청인다오
조금 배고프게 살더라도
조금은 춥고 눅눅하더라도
비굴한 삶이 면역이 되기 전에

이놈의 육신이 늙어 버리기 전에
당하고 산 것들이 익숙해져
무통이 되기 전에
있는 힘을 다 내여 사표를 쓰려하니
대책 없는 놈이라 나무라지 마오

염주를 세는 노인

동구밖 느티나무 아래
백발을 쪽진 노인이 앉아
염주를 돌린다

무슨 염원이 저리 간절할까

우렁이 껍질같이 마른 눈에
간절함이 배여
쉼 없이 염주알을 세고 있다

할머니 무슨 소원을 그리 비세요
나는 할머니에게 물었다

할머니는 빙그레 미소를 지우더니
왜 궁금하우
이제 갈 때가 되었잖우
치매 안 걸리고 제정신으로 살다가
가게 해달라고 빌었지
요양원에 가지 않게 해달라고 빌었고
병들어 자식들 힘들지 않게
해달라고 빌었고
손주녀석 얼굴 좀
보게 해달라고 빌었지
소원이 너무 많아 부처님이

들어 주실지 모르겠우

참으로 평범한 소원인데
그것조차 욕심이라고 여기는
할머니가 너무 안스러웠다

의인이 없다

세상사 이야기가 궁금해서
텔레비전을 켜니
밤 아홉시 뉴스가 나온다
세상 이야기가
어쩌면 저리도 버거운가
앵커도 보도기자도 분노에 찬 음성이다
리모컨을 쥔 손이 부르르 떨린다
구토 하듯이 토해내는 분노
텔레비전을 부숴버리고 싶은
충동을 진정시키려고
엊그제 들은 기독같은 미담을
활명수처럼 마셨다
더럽고 치사한 이야기들
표리부동 모리배
온갖 욕을 다 동원한다 해도
합당한 단어가 없다
누가 저런 양두구육 군상들에게
내 흥망을 위임했는가
내 생사여탈권을
누가 더러운 손에 쥐여 줬는가
한순간 시선조차 머물기 싫은
이기와 부도덕으로 메마른 이 땅에
갈증을 목 축겨 줄
물지게 지고 오는 의인은 없는가

텔레비전을 켜기조차 두려운
분노의 트라우마가
따뜻한 가슴들을 슬프게 한다

이씨의 눈물

용운골에 사는 이씨는
한 번도 울어 본 적이 없다고 했다
너털웃음이 그에 특허라도 되는 냥
항상 웃고 살지만
그는 별을 보지 않는다고 했다
어릴 적 역병을 앓다 가버린
누이를 닮아서란다
그는 달도 보지 않는다고 했다
애써 빛을 비추어도
밤을 떨구지 못한 달이
아버지를 닮아서란다
어느 날
이씨는 얼큰하게 취해서
넌지시 저 소리를 들어 보란다
삭풍에 나목들이 우는소리
앙상한 곁가지에 매달려서
떨어지지 않으려고
온 몸을 떨고 있는 마른 잎새 비명소리
누구도 귀담아 듣지 않는
저 울음들이
추위에 울부짖는 세상의 소리란다
수평을 잃은 피사의 종루에
균열된 종소리가 울음인데
기울어진 저울을 들고 서있는

테미스의 공허도 울음인데
벽장에 녹 쓴 칼도 울음인데
따로 울 필요가 있겠느냐며
호탕한 웃음을 웃고 살던 이씨가
막걸리 잔을 꼬옥 쥐고 눈시울이 젖는다

실업자

통장에 잔고는 하찮은 욕망은
얼마나 남아 있을까

어저께 다누리가
우주로 치솟는 걸 봤다
달이 내 가까이 오는 동안
진종일 거리를 헤매다가
시들어진 풀잎이 되어있는 내가
참 밉다

부당해고 고발한다
붉은 글씨 어깨에 두르고
뙤약볕에 앉아 있는 남루에
시선을 던지다가
오후 행려가 되는
내가 너무 초라하다

코로나19는 언제 끝이 날지
식당이 또 문을 닫았네
무더운 도시 빌딩 난간에
아직도 매달려 보려는 내가
참 밉다

잡초끼리 살자

바람은 거칠고 차갑지만
날마다 흔들리고 휘청이게 하지만
우리가 어디
신분 높은 꽃이고 값진 나무인가

이슬로 허기를 채우고
햇볕 한 자락이면
가슴 따뜻한 걸
서로 마주하면서
우리끼리 등기대여 살자

고귀한 신분의 꽃으로 온실속에
살아보지는 못했지만
흙 묻은 잡초라고 멸시 받아도
파릇이 하늘 닮은 꿈을 피우며
바람이 거세면
부둥켜 안아주고
그냥 잡초라는 이름으로 살자

우리가 태어난 곳도 흙이고
우리가 죽어 갈 곳도 흙이니
그냥 흙수저로 살자

장마

뭔 넘에 비가 요로코름 질게 온다요
메칠째 꼬므락 달싹도 못 해브렁께
참말로 예산 일이 아니지라
답답혀서 염통이 고라뿌리것소

오늘 아츰에 예펜네가 쌀봉지를 탈탈 털든디
워따메 맴이 조져 오는 구만이라
냄들은 달구새끼 잡아 복땜들 하는디
우리 아그들 복땜커녕 배창시 말라 비틀어지것소
가심만 오독오독 타브르네요잉

오늘도 새복에 인났는디
요로코롬 비가 허벌나게 와부르먼
엠빙 할 아그들 끄니는 워쩐다요
인력시장에 몸뗑이 팔아서 먹고 사는 늠
워째 처먹고 살라구 요로코롬 비가 징하게 온다요

하늘님은 대글박도 없소 눈 구녕 있으면 쪼까 보소
비좀 그쳐주먼 어디 덧 난 당가요
써그럴 벼름박만 멍허니 쳐다보다
골연만 한곽 다 묵어 분졌네

제비꽃의 눈물

들길을 걷는데
누군가 나지막이 울고 있다
자세히 들어보니
대궁 꺾인 풀꽃의 울음이다

보랏빛 두려움이 역력하다
누군가 이들을
사정없이 밟고 지나갔다
이름 없는 노방초 풀꽃이라고
이렇게 마구 밟아도 되는지

풀꽃은 미소를 잃은 지 오래다
덤불속에 숨어있는
가녀린 모습이 애처롭다
신분 고하를 막론하고
이 들을 밟지마라

가난한 풀꽃으로 태어난 게
이들의 죄가 아니며
메마른 땅 초라한 삶도
이들에 죄가 아니다

질경이

무심코 디딘 발밑에서
질경이가 바동거린다
끈질기게 가슴 달구며
살아 온 질경이가
눈발시린 발밑에 누워
드디어 울었다
그토록 짓밟혀도
부러지지도 꺾이지도 않는
마알간 끈기가 삶이었던
족속이기에
울 줄도 모르더니만
패잔의 깃발처럼 너덜거리는
삶이 싫증이 나서
거둘 것도 없는 진흙 밭에
빈손 펴들고 사는 게 싫어서
망할 놈의 잡초라고
욕먹는 것이 싫어서
질경이는 드디어
또르르 눈물을 흘렸다

청산 계곡에서

청산은 수목들이
어우러져 산다기에
계곡을 찾아가서
너럭바위에 앉았더니
하늘도 보이지 않고
햇볕조차 없더라
나무들도 기득권이 있던가
앞서 자란 나무
힘세고 큰 나무들이
제 것도 아닌 햇볕을
독차지 했더라
햇볕 한 조각 없는 눅눅한 음지
누렇게 야윈 나무들은
바람이 헤집은 틈새로 떨어트린
몇 조각 햇볕을 주워
연명 하고 있더라

카인의 유언

이 놈이 죽거든
수의도 관도 하지 말고
토장土葬도 하지 말고
수장水葬도 풍장風葬도 하지마라

짐승보다 못한 육신
외진 골짜기 구르터기에
걸쳐놓고
벌레들이 와서 먹게 하고
배고픈 까마귀도 먹게 해라

남 잘되는 거 못 보고
강한 자에 아첨하고
약한 자는 짓밟고
유령 가옥 만들어서
집 없는 서민 등치고
전관예우 대우받아
부실주택 조장하고
주가 조작하고 고리대금 빌려주고
부동산 투기해서 금고 가득 채워놓고
나만 살면 된다고 호의호식 하였다

양심을 짓밟고 못되게만 살았으니
내 어찌 죽음 길이 편안하길 바랄까

먼 훗날 백골에다 푯말 하나 세워서
이렇게 적어다오
부끄러운 시신이 여기 누워 썩었으니
지나는 짐승들은 침을 뱉고 가라

친구의 죽엄

쓰디쓴 향연에 초대되어
핏대 올려 목청을 높이던
탐욕의 노래를 부끄러워하더니
세상이 너무 춥다면서
옷깃을 여미더니
이제 가려느냐

포장마차에 웅크리고 앉아
쓰디쓴 막소주 따라놓고
미풍진 세상을 읊조리며
눈가 이슬 촉촉이 젖더니
절규같은 술잔 다 못 마시고
못내 가는구나

상여소리 리프레인이
가슴 저미는데
아마포 한 장 덜렁 걸치고
칠성판에 누워 가는구나
마지막 길 소주 한잔 따라주마
생전에 추운 곳에 살았으니
춥지 않은 세상으로 잘 가게 친구여

태풍을 기다리며

갯벌이 썩어 가고 있다
유기된 짐승사체
오장육부처럼 썩어
냄새가 진동한다
관념의 골 깊은 틀 속에서
출렁대는 파도는
갯벌 따위는 안중에 없다
그냥 높이 솟아올라
위세를 떨치면 그만이다
이제 태풍 한번 불어 볼 만하다
가라 엎고 뒤집어서
악취 풍기는 곪은 속도 씻어내고
그래도 희망 한 자락
질끈 씹어 볼 냥이면
태풍한번 불어 볼 만하다
삼백날 질척한 뻘
한번 뒤집어 줘야
떠났던 생명들이 돌아와
새끼를 낳고 새집을 지을 것이다

하루살이

겨우 하루를 살다 갈 것을
몇 백 년을 살 것처럼
축제를 즐기는 하루살이는
산다는 것이
유한한 찰나임을 아는가 보다

거슬러갈 수 없는
삶과 죽음의 사이에 놓여있는
오늘이라는 하루가
소중함을 아나보다

백년을 살아도
죽음에서 멈칫거리며
생의 미련을 움켜쥐고
떨고 있는 지상의 직립 동물들 보다야
하루를 소중하게 살다가는
하루살이는 작은 성자들이다

환장 하건네

일 싸게싸게 하먼
월급 찰지게 챙겨 준다고 하길래
새복부터 인나서 심바람 나게 출근 혔는디
높은 양반이람서 쪼사 갈기고
힘좀 시다고 윽박지르고
이런 저런 수모 참음시롱
싸게싸게 했는디
월급은 쥐똥 맨시롱 주먼 어쩐다요
옘빙할 승질 난다고
함 볼떼기 해브르먼
사표내고 나갔뻔지라 할테고
마누라 눈물괴여 짤테구
빌어먹을 이러지두 저러지두 못하고
시상 애욕질 나서 못살겠지라
주둥박 턱주가리 아래 위가 뒤박히게
쪼사갈기고 거시기 하고 싶은 맴
굴뚝같은디 이 맴도 모르고
우리 여핀네는 월급 직다고
속아지 부림시롱 씨부렀쌌네요
낸들 워쩐다요 대글박을 쪼여 짜도
참 거시기 하고 서럽구만이라

빌어먹을늠의 시상 애욕질 나서 원…

봄은 오는구나

살다 보니
봄은 오는구나
얼마나 환희로운 것이더냐
얼마나 기다렸던 봄이더냐
혹한의 시름이 녹아
대지의 혈관을 타고
돌돌돌 흐르는 개울 물소리
잠든 세상을 깨우지 않더냐

봄은 벌거벗은 여인으로
오지 않더냐
분홍치마 나풀거리며
능선을 실루엣처럼 넘어오는
우윳빛 젖가슴 분홍빛 유두가
탱탱히 부풀어 올라
홍조된 입술을 대고
맨살 부비는 봄이지 않더냐

연백 살결이 눈부시다
고혹한 향기에
상사를 앓아도 좋을
거룩한 에로티시즘
황홀한 오르가즘에
심호흡하는 여인을 끌어안고

거친 숨결로 새 생명을 잉태하는
봄이지 않더냐

분서焚書*

위험한 지식이 담긴 책들을
공개적으로 불태워 버리라고
시틀러가 명령하여
곳곳에서 황소들이 끙끙대며
책이 실린 수레를 화형장으로 끌고 왔을 때
어떤 뛰어난 작가 한 사람이 추방된 어떤 시인의
분서 목록을 들여다보다가
자기 책들이 누락된 것을 알고
그는 화가 나서 나는 듯이 책상으로 달려가
집권자들에게 편지를 썼다
신속한 필치로 써내려갔다
나의 책을 불태워 다오 그렇게 해다오
나의 책을 남겨놓지 말아다오
나의 책들 속에서 언제나 나는 진실을 말하지 않았느냐
그런데 이제 와서 너희들이
나를 거짓말쟁이처럼 취급한단 말이냐
나는 너희들에게 부탁한다
제발 내 책을 불태워다오

(들꽃시인 옮김)

*독일 극작가 브레히트 작품 중,
 본명: augen Berthold Friendrich Brecht

버려진 의자

염열이 타는 공원 뒷켠
등나무 넝쿨 아래에
누가 갖다 놓았는지
낡은 의자가 우두커니 놓여 있다
가만히 보니
앞에 붙은 이름표에
유명 메이커라고 씌워져 있다
한때 부귀영화를 누리던
고귀한 신분이었나보다
권력도 명예도 세월 앞에서는
어쩔 수 없었는지
빗살무늬가 선명하다
연륜이 무거운 듯 수척해 보인다
눈길한번 안주고 지나치는
꼬마 녀석이 낯익은 듯
화들짝 던지는 시선에
촉촉이 물기가 배여 고개를 떨군다

알까 몰라

죽을 만큼
아파보지 않은 사람들이
현란하게 치장한 단풍들이
낙엽으로 지상에 누울
아슬아슬한 생의 경계를 알까

죽음 가까이
가보지 못한 사람들이
얼마 남지 않은
생의 시간을 끌어안고
가는 목을 매달고 전율하는
낙엽의 집착을 알까

제자리인 줄 알았는데
어느새
두 팔 흔들며 달려와
차안此岸에 서 있음을 알까

詩人이 시로 쓴 인생철학 삶의 애환을 담다

울고
웃고
살고

초판 인쇄 2023년 9월 15일
초판 발행 2023년 9월 20일

지은이 양종영
펴낸이 강신용
펴낸곳 문경출판사
주 소 34623 대전광역시 동구 태전로 70-9 (삼성동)
전 화 (042) 221-9668~9, 254-9668
팩 스 (042) 256-6096
E-mail mun9668@hanmail.net
등록번호 제 사 113

ⓒ 양종영, 2023

ISBN 978-89-7846-832-9   03810

값 12,000원

* 무단 복제 복사를 금함
* 잘못된 책은 교환해드립니다.

·이 책은 ∧∧∕ 한국예술인복지재단
  지원으로 제작하였습니다.